Futebol
Brasil
Memória

Futebol Brasil Memória

De Oscar Cox a Leônidas da Silva

(1897–1937)

Futebol Brasil Memória –
De Oscar Cox a Leônidas da Silva (1897-1937)
© Claudio Nogueira

Direitos desta edição reservados ao Serviço Nacional de Aprendizagem Comercial – Administração Regional do Rio de Janeiro.

Vedada, nos termos da lei, a reprodução total ou parcial deste livro.

SENAC RIO

Presidente do Conselho Regional
Orlando Diniz

Diretor regional
Décio Zanirato Junior

Editora Senac Rio

Av. Franklin Roosevelt, 126/604
Centro - Rio de Janeiro - RJ
CEP 20021-120
Tel 21 2240 2045 Fax 21 2240 9656
www.rj.senac.br/editora
comercial.editora@rj.senac.br

Editora
Andrea Fraga d'Egmont

Coordenação editorial
Cynthia Azevedo

Equipe de produção
Andrea Ayer e Karine Fajardo

Copidesque
Flávia Marinho

Revisão
Cristiane Pacanowski

Assistentes editoriais
**Cristiane Pacanowski
e Flávia Marinho**

Projeto gráfico
Interface Designers | Sergio Liuzzi

Editoração eletrônica
Interface Designers | Amanda Mattos

Ilustração (capa e miolo)
Lan

1ª edição: agosto de 2006

CIP- BRASIL. CATALOGAÇÃO-NA-FONTE
SINDICATO NACIONAL DOS EDITORES DE LIVROS, RJ.
N711f
Nogueira, Claudio, 1965-
    Futebol Brasil memória : de Oscar Cox a Leônidas da Silva (1897-1937) /Claudio Nogueira. - Rio de Janeiro : Editora Senac Rio, 2006.
16 x 23 cm
284 p. : il.
Inclui bibliografia
ISBN 85-87864-96-3
1.   Futebol - Rio de Janeiro (RJ) - História. 2. Futebol - Brasil - História.
I.   Titulo.
06-2408.

CDD 796.3340981531
CDU 796.332 (815.31)

Dedicatória

A Deus;

A meus pais, João e Arlete,

e à minha mulher, Vania;

À cidade de São João de Meriti, minha terra,

e ao bairro carioca do Méier,

meu novo lar;

Aos amigos e companheiros do jornal O Globo

e do jornalismo brasileiro.

Claudio Nogueira

Sumário

Prefácio	7	Coqueluche da cidade	117
Apresentação	8	Heróis da Independência	127
Introdução	10	Português e negro	135
Um clube na bagagem	15	Pavilhão de glórias	145
Um Rio de transformações	21	Um dia será outra vez	157
Filho de muitos pais	31	Chacrinha da Marquesa	163
A doença do patriotismo	41	Trabalhadores do Brasil	171
Há mais de mil anos	49	Crise dos anos 1930	183
Cavalheiros negros	55	Pela entrada de serviço	193
Avenida Belle Époque	61	Afagando a imaginação	207
Goleiro, presidente, campeão	69	Qual foi o resultado do futebol?	215
Para inglês ver... ou ler	75	Paz de Pedros	223
Uma longa polêmica	79	A magia negra	229
Luz, câmera... e gols	83	Nem melhor, nem pior	237
Netos de Dona Chiquitota	87	Conclusão	246
À sombra das palmeiras centenárias	95	Linha de tempo	256
Irmãos Karamazov	103	Tabelas	262
O futebol não pega	111	Referências bibliográficas	276
		Agradecimentos	281

Prefácio

Sobre o autor

Tenho o prazer de fazer a apresentação do jornalista Claudio da Silva Nogueira, que escreveu este livro sobre o futebol carioca desde a chegada de Oscar Cox, em 1897, com algumas bolas na bagagem, até 1937, quatro anos após a transição do amadorismo para o profissionalismo.

Claudio tem 19 anos de O Globo, 13 dos quais na reportagem esportiva, sua grande especialidade. Além de sua experiência e eficiência como repórter, Claudio tem a alma de autêntico pesquisador. Sua curiosidade pelo passado o leva a investigar fatos há muito enterrados ou julgados perdidos, dessa importante faceta da cultura brasileira. É incansável em sua dedicação e sua memória é tão impressionante quanto seus arquivos sobre esportes.

Claudio, na Editoria de Esportes, participou de várias coberturas, entre as quais: Copa do Mundo Sub-20, no Qatar, em 1995; Mundial de Natação em Piscina Curta, no Rio, em 1995; várias edições do GP do Brasil de Fórmula 1, em São Paulo; quatro GPs de Fórmula Mundial do Rio; 500 Milhas de Indianápolis e 500 Milhas de Michigan, da Fórmula IRL, em 1997; diversas edições do GP do Brasil do Mundial de Motovelocidade, no Rio; concursos hípicos de Calgary, no Canadá, em 1999; e de Aachen, na Alemanha, em 2001; corridas de Fórmula Mundial, no México, nos Estados Unidos e no Canadá; Jogos Pan-americanos de Winnipeg, no Canadá, em 1999; Mundial Masculino de Basquete, em Indianápolis, nos EUA, em 2002; Jogos Pan-americanos de Santo Domingo, na República Dominicana, em 2003; e Jogos Olímpicos, em Atenas, na Grécia, em 2004.

Antônio Roberto Arruda
Chefe de reportagem de Esportes do Extra desde 1998, tendo trabalhado na mesma função na Editoria de Esportes do Globo entre 1981 e 1997.

Futebol Brasil Memória

Apresentação

Quando e como se originou a paixão do brasileiro pelo esporte que veio importado da Inglaterra? Essa indagação deve ter passado pela cabeça de todos os brasileiros que amam o futebol. Indagação que envolve um quê de mistério: ao falar do Campeonato Estadual do Rio de Janeiro, que completou cem anos este ano, a intenção é tentar desvendar esse enigma.

Mas o livro não se limitará a isso.

A obra nasceu de uma vontade e de uma constatação. Da vontade de trazer à tona um dos capítulos mais curiosos e saborosos da história social do país, que é o desenvolvimento do futebol no Brasil e especificamente no Rio de Janeiro. E da constatação de que os cariocas amam demais o futebol, mas sabem pouco sobre o surgimento, no Rio, do enorme fenômeno social em que esse esporte se converteu.

O começo não foi fácil, nem linear. Foi abrupto, polêmico e expressou conflitos e divisões existentes nas sociedades brasileira e carioca da época. Zona Sul e subúrbio; brancos e negros; elites e classes operárias; ricos e trabalhadores; amadores e profissionais. Todos, de alguma forma, foram atores nesse teatro de formação do futebol carioca. Será que alguns desses conflitos não duram até hoje?

O futebol chegou ao Brasil e ao Rio, especificamente, nas malas de jovens estudantes da elite, que haviam estudado na Europa, como um presente que se traz para pessoas amigas. Mas o povo se apropriou dele, e ao mesmo tempo em que os analfabetos e os pobres invadiram os campos e as arquibancadas dos clubes elegantes, foi tomando gosto e se apaixonando por esse esporte até então estranho, no qual os homens traçavam planos e estratégias para fazer com que uma bola impulsionada pelos pés invadisse as redes adversárias. Mais ou menos como o povo pobre, trabalhador e negro invadiu – como penetra – as festas da elite, dos ricos e dos brancos que jogavam futebol no final do século XIX e começo do século XX.

O objetivo deste livro não é o de contar campeonato por campeonato, mas o de narrar como ocorreu o processo de chegada, da aceitação, do desenvolvimento e de popularização do futebol no Rio.

Foi escolhido um período para tratar do tema. Do fim do século XIX, quando

> O povo pobre, trabalhador e negro invadiu – como penetra – as festas da elite, dos ricos e dos brancos que jogavam futebol.

Apresentação

o carioca Oscar Cox trouxe as primeiras bolas de futebol e o livro de regras, até 1937, quando terminam as divisões entre ligas rivais que existiam na cidade e o futebol carioca se unifica na chamada pacificação. Paralelamente, vão ser enfocados aspectos da vida política, musical, literária, social e econômica de um Brasil em transformação, entre o período pós-Abolição e o Governo Vargas. E todos esses aspectos serão povoados por personagens de época, os jogadores, os torcedores, gente que viveu o período abordado pelo livro.

O futebol era tema de debate. Em 1921, por exemplo, o escritor Graciliano Ramos, vaticinava: "O futebol não pega, tenham a certeza." Também no início dos anos 1920, Lima Barreto fundou a "Liga contra o Football". Com argumentos contundentes: "É o primado da ignorância e da imbecilidade." Não faltaram, porém, os defensores do novo esporte, como o escritor Coelho Neto, um ardoroso torcedor do Fluminense. Em estrofes de um antigo hino do clube, ele demonstrava sua admiração pelo esporte: "Assim nas lutas se congraça / Em torno de um ideal viril / A gente moça, a nova raça / Do nosso Brasil."

Em 1921, o escritor Graciliano Ramos previa que o futebol não iria "pegar".

O foco central do livro é mostrar que quando o futebol chegou ao Brasil o mundo da cultura vivia a chamada Belle Époque, que influenciou a moda, o comportamento, a arquitetura e a literatura. Tomando-se por base esse eixo entre a Belle Époque tropical e o futebol, o trabalho é desenvolvido. Em meio a um cenário de sofisticação e bom gosto, o novo esporte foi se tornando pouco a pouco uma parte da própria cultura do Brasil, entendendo-se tal conceito não como quantidade de conhecimentos, mas como a maneira pela qual um povo expressa suas crenças, valores e modo de ver e de viver a vida. Hoje seria praticamente impensável falar em cultura brasileira sem citar o futebol como um de seus principais elementos.

Também no fim do século XIX e início do XX, o Rio passou por uma série de transformações em seu cenário urbano. Foi nesse terreno que o futebol fincou suas raízes.

O futebol foi conquistando multidões no Rio e no país, graças a grandes craques e a equipes cuja popularidade é capaz de lotar estádios. Detalhar essa transformação – de uma modalidade praticada por uma minoria para um fenômeno de massas – é uma das fortes intenções do livro.

Os apaixonados por estatísticas e apostas terão à disposição listas de campeões estaduais, de taças Guanabara, taças Rio, além dos títulos mais importantes dos mais vitoriosos clubes do Rio e do país.

Introdução

No princípio, era o remo

No princípio, era o Verbo, e o Verbo estava com Deus, e o Verbo era Deus", ensina o Capítulo 1 do Evangelho de São João. Entretanto, na história do esporte carioca, no princípio era o remo. No século XIX, que marca a chegada do futebol ao Rio, trazido por Oscar Cox, eram as regatas os maiores eventos esportivos. Tal popularidade se explica pelo fato de a cidade estar às margens da Baía de Guanabara – e de abrigar em seu seio a Lagoa Rodrigo de Freitas – e também pelo fato de o remo ter feito parte da história e da cultura cariocas.

A ligação do Rio de Janeiro com barcos a remo vem desde o século XVI.

Do remo nasceram três dos quatro grandes clubes cariocas: o Botafogo, o Flamengo e o Vasco, além do São Cristóvão, hoje em dificuldades, mas que chegou a ser campeão carioca nos anos 1920. No fim do século XIX, as regatas eram tão importantes que atraíam a nobreza do Império e depois os principais políticos da República.

O curioso é que a ligação do Rio com barcos a remo e canoas é bem anterior à Independência do Brasil. Em 1566, quando o país ainda era colônia portuguesa, os franceses haviam ocupado o Rio de Janeiro. Na época, os portugueses, chefiados por Estácio de Sá, fundador da cidade em 1565, lutaram contra os franceses (apoiados pelos índios tamoios) até conseguirem sua expulsão. Reza a lenda que um militar mais destemido que o normal foi visto pelos tamoios lutando a favor dos portugueses. Finda a batalha no mar, na região de Copacabana, com triunfo português, os vitoriosos honraram São Sebastião, identificado como o misterioso militar que os portugueses não viam, mas que, por sua bravura, teria afugentado os adversários.

Como 20 de janeiro é o Dia de São Sebastião, padroeiro da cidade, além das cerimônias religiosas, a data passou a ser reservada, a partir de 1567, para a Festa das Canoas, em que havia disputas de embarcações.

No princípio, era o remo

As provas de canoas foram se tornando uma prática comum no litoral do Rio e do Brasil. Já no século XIX, em 1846, a imprensa noticiava provas do gênero entre a Praia de Jurujuba, em Niterói, e a antiga Praia de Santa Luzia ou Praia dos Cavalos, no Centro do Rio, próximo ao local onde hoje está a Rua de Santa Luzia.

O primeiro clube de regatas do Grande Rio foi o Grupo dos Mareantes, em Niterói, em 1851. Em 1862, a Marinha promoveu duas provas, uma delas assistida pelo imperador Dom Pedro II, por membros da corte e grande público, no dia 14 de julho daquele ano (Pedro II iria a outras competições semelhantes no futuro).

O esporte do remo tomaria um novo impulso nas três últimas décadas do século XIX. Entre as várias associações fundadas, acabariam tendo importância para o futebol o Grupo de Regatas Botafogo, fundado em 1892 e cujos dissidentes se uniram a ex-integrantes do Club Guanabarense para formar o Clube de Regatas Botafogo, em 1894. Bem mais tarde, em 1942, esse clube se fundiria ao Botafogo Futebol Clube, iniciado em 1904, para dar origem ao atual Botafogo de Futebol e Regatas.

Botafogo, Flamengo, Vasco, e São Cristóvão têm laços históricos com o remo.

Em 1895, foi fundado o então Grupo de Regatas do Flamengo, que criou sua divisão de futebol de 1911 para 1912, com dissidentes do Fluminense Football Club. Em 1898, foi criado o Club de Regatas Vasco da Gama, que começou a prática do futebol em 1915, depois de se fundir com o Lusitânia, que se dedicava apenas ao futebol. Também em 1898 começou suas atividades o Club de Regatas São Christovam, que em 1943 se fundiu com o São Chrístóvão Athletico Clube, formando o atual São Cristóvão de Futebol e Regatas.

Bem no final do século XIX - mais ou menos na mesma época em que Oscar Cox, filho de ingleses radicados no Rio, desembarcava no Rio vindo da Suíça e trazia duas bolas de futebol e as regras do jogo – a União Fluminense de Regatas promoveu o I Campeonato do Rio de Janeiro, em 1898.

Para que se tenha uma idéia da importância do torneio, vencido pelo clube Gragoatá, de Niterói, existente até hoje, esteve presente à prova o então presidente da República, Prudente de Moraes. As regatas eram disputadas na

Enseada de Botafogo, e não na Lagoa Rodrigo de Freitas, como hoje. Havia um Pavilhão das Regatas, uma espécie de camarote especial para as autoridades e para a elite. O pavilhão foi construído pelo prefeito Pereira Passos e durou de 1906 a 1941.

O poeta Olavo Bilac, fã das regatas, exaltava remadores em seus textos.

- Não será com este mirrado braço apenas habituado a manejar uma pena; não será com estes olhos fatigados pela constante fixação do papel branco, e com estes míseros pulmões intoxicados pelo ar malsão da Rua do Ouvidor. Ah! Não será com tudo isso que o Brasil espantará o Xerxes moderno! ...Ao mar, gente moça! ...Meninos, foram músculos como esses que ganharam a batalha de Salamina! – escrevia ele, em 1900, na crônica "Salamina".

No texto, Bilac comparava a vitória do barco quatro-com do Botafogo de Regatas ao triunfo naval dos gregos sobre os persas, comandados pelo imperador Xerxes, em 480 a.C.

Antes de o remo se firmar como esporte mais importante na cidade no final do século XIX e começo do século XX, outras manifestações esportivas tiveram alguma importância. Entre elas, a mais importante foi a do turfe. Considerado um esporte moderno, por suas influências inglesas e francesas, este começou a se desenvolver no Rio em 1825 e ganhou maior vulto a partir de 1847. Até mesmo integrantes da Família Imperial brasileira assistiam aos páreos. As corridas e as apostas se davam no antigo Prado Fluminense, em São Francisco Xavier, e depois no Derby Club, onde hoje está localizado o estádio Mário Filho, o Maracanã.

Outra modalidade importante no século XIX era o turfe, que atraía a Família Imperial.

Um clube na bagagem

1

N iterói, 22 de setembro de 1901. Campo do Rio Cricket and Athletic Association (RCAA), clube de críquete (esporte tradicional inglês) sediado na Praia Grande. Lá, um grupo liderado pelo jovem carioca Oscar Alfredo Cox enfrentava o time da casa, depois de ter cruzado de barca a Baía de Guanabara. Houve empate de 1 x 1, com gols de Cawood Robinson para os ingleses do RCAA e de Júlio Moraes para os cariocas. Era o primeiro jogo da história do futebol no Estado do Rio de Janeiro.

Um dado curioso é o fato de que apenas 16 pessoas assistiram a essa partida, incluindo 11 tenistas que estavam passando tempo no clube, além do pai e de uma irmã de Victor Etchegaray, amigo de Oscar Cox e futuro fundador e jogador do Fluminense. Houve ainda dois outros amistosos entre o grupo carioca e o RCAA, com duas novas igualdades, em 2 x 2, a 29 de setembro, e 1 x 1, a 12 de outubro. A equipe de Cox formou com Clyto Portela; Victor Etchegaray e Walter Schuback; Mário Frias, Oscar Cox e Max Naegely; Costa Santos, Emilio Moraes, Luís da Nóbrega Júnior, Júlio Moraes e Félix Frias.

Futebol Brasil Memória

De qualquer forma, essas três partidas serviram para animar o grupo de Oscar Cox a assumir uma nova empreitada: a de enfrentar um time paulista capitaneado por Charles Miller, que havia iniciado em São Paulo, em 1894, o trabalho que Cox começara no Rio. Os paulistas seriam favoritos, claro, por estarem jogando há mais tempo. Mas o que os cariocas queriam era desenvolver ainda mais a prática da modalidade.

Assim, nos dias 19 e 20 de outubro, no campo do São Paulo Athletic (o clube de Miller e que nada tem a ver com o atual São Paulo Futebol Clube), aconteceram as primeiras edições de um cariocas x paulistas. O Rio Team (que ainda não constituía um clube, mas um grupo de amigos) formou com Walter Schubach; Mário Frias e Luís da Nóbrega Júnior; Oscar Cox, Wright e McCulloch; Francis Walter, Horário da Costa Santos, Eurico de Moraes, Júlio de Moraes e Felix Frias.

Como se dizia na época, os jogos terminaram indecisos, ou houve indecisões, em 2 x 2 e 0 x 0. No primeiro jogo, o Rio Team fez 2 x 0 com Frias e McCulloch. Os paulistas igualaram com Walter Jeffrey e Alicio de Carvalho. Uma curiosidade é que cada tempo durou vinte minutos. São Paulo jogou com as camisas azuis e pretas do Germânia (hoje Pinheiros), e o Rio, de branco. Após a primeira partida, como era de praxe, houve um jantar de confraternização. Os cariocas viajaram de trem cerca de 18 horas na ida e igual período na volta.

– No 2 x 2, os cariocas mostraram melhor entrosamento e os paulistas reagiram. Era a infância do futebol brasileiro – observou o jornalista inglês Aidan Hamilton, radicado no Brasil e autor do livro *Um jogo inteiramente diferente: futebol – A maestria brasileira de um legado britânico*.

Na longa viagem de volta de São Paulo para o Rio, Oscar Cox e seus companheiros começaram a sonhar com um clube. Ainda em 1901, em novembro, ele, Cawood Robinson e Mário Frias convidaram alguns amigos para fundar o Rio Football Club, no dia 30. Entretanto,

---

Era a infância do futebol brasileiro – observou o jornalista inglês Aidan Hamilton, radicado no Brasil e autor do livro Um jogo inteiramente diferente: futebol – A maestria brasileira de um legado britânico.

Um clube na bagagem

a tentativa fracassou. O atual Fluminense, embora em gestação, ainda não havia nascido.

Naquele mesmo 1901, Oscar Cox voltou à Inglaterra, de onde trouxe mais bolas e uma novidade, a criação da grande área, aprovada nas regras por aquele tempo.

– Em julho de 1902, o grupo de Cox voltou a jogar em São Paulo. Os paulistas (do Internacional e do Paulistano) ganharam as duas partidas. Mas ainda no mesmo mês, eles decidiram que era a hora de criar um time de futebol no Rio. Tentaram adotar o nome Rio Football Club, mas como esse nome já havia sido utilizado, fundaram o Fluminense, o primeiro clube de futebol do Rio, em 21 de julho de 1902, numa reunião na Rua Marquês de Abrantes 51, no Flamengo, na casa de Horácio da Costa Santos – relata Milton Mandelblatt, presidente do Conselho Deliberativo do clube e pesquisador da história tricolor e do futebol carioca.

O Fluminense quase teve o nome de Rio, mas este foi abandonado por causa de um desentendimento entre Cox e outro pioneiro do futebol, Mackintosh, do RCAA. Deixado de fora dos jogos em São Paulo, Mackintosh e alguns amigos fundaram o Rio Football Club, em 12 de julho de 1902. O Rio Football Club durou pouco, tanto que em 1906, quando do primeiro Campeonato Carioca, não existia mais.

O nome Fluminense escolhido pelos vinte amigos liderados por Cox vem do latim *flumen*, que quer dizer rio. Já naquela época eram chamadas de fluminenses as pessoas nascidas no Rio de Janeiro. Logo de início, uma comissão redigiu os estatutos e outra buscou um campo para treinos e jogos. Em sua partida de estréia, a nova associação goleou o Rio Football Club: 8 x 0.

Naquele tempo, o Fluminense ainda não era tricolor nem tinha sede na Rua Álvaro Chaves. Seu uniforme e sua bandeira original, esta

> O Fluminense quase teve o nome de Rio, mas este foi abandonado por causa de um desentendimento entre Cox e outro pioneiro do futebol, Mackintosh, do RCAA.

17

Futebol Brasil Memória

Os primeiros uniformes do Fluminense eram brancos e cinzas.

preservada até hoje na sala de troféus, eram brancos e cinzas, com as letras FFC (Fluminense Football Club) em vermelho, lado a lado, e não entrelaçadas como agora. O primeiro campo era situado na Rua Guanabara. O clube mudou as cores por mero acaso.
- As camisas se desgastaram. Cox e um amigo (Mário Rocha) foram à Inglaterra, onde também não encontraram as camisas cinza e brancas. Cox encontrou um jogo de camisas de três cores (verde, branco e grená) e foi o material que ele trouxe. Em 1904, o clube mudou as cores - conta Mandelblatt.

A pré-história do futebol do Rio começou em 1897. No fim do século XIX, como era de costume entre famílias abastadas, a família de George Emmanuel Cox (descendente de ingleses radicado no Rio) e Minervina Dutra Cox enviou o filho Oscar Cox para estudar na Europa, no Colégio La Ville, em Lausanne, onde cursou Humanidades. Ao retornar para o Brasil, naquele ano, trouxe na bagagem não apenas uma bola de couro, mas também um clube, o Fluminense, que ele e um grupo de amigos fundariam em 1902, especialmente para a prática daquele movimentado esporte que ele conhecera na Europa. Nascido em Botafogo, em 1880, numa chácara do Largo dos Leões, Oscar Cox foi desportista nato. Adepto dos esportes como boa parte dos ingleses, seu pai, George Cox, havia ajudado a fundar, no Rio, em 1872, o Rio Cricket Club, que depois mudaria de nome para Clube Brasileiro de Cricket, depois Paysandu e atualmente Paissandu.

Entusiasmado, apaixonado por esportes, o jovem Oscar Cox começou a fazer no final do século XIX, no Rio, um verdadeiro trabalho missionário de difusão, em terras cariocas, de sua nova religião: o futebol. No tempo de Cox, o remo era o grande esporte no Rio. Mas isso não fez com que ele desanimasse do que considerava sua missão. Chegou até a ensinar os primeiros chutes aos atletas do remo.

Um clube na bagagem

– Os rapazes que haviam estudado na Europa conheceram o futebol e queriam jogá-lo aqui. Mas faltava o material esportivo, campo e principalmente 22 jogadores, algo que seria fundamental. Muitos ficaram na vontade. Faltavam pessoas que tivessem a capacidade de aglutinar um grupo. Oscar Cox, na volta ao Brasil, queria continuar jogando o futebol. Ele começou tentando contato com outros que haviam estudado na Europa e com os ingleses do Clube Brasileiro de Cricket. Cox, que era de origem inglesa, começou a ensinar o futebol também a amigos brasileiros e a times mesclados – relata Mandelblatt.

Oscar Cox era comunicativo, amante do futebol e defensor do esporte totalmente amador.

Segundo alguns dos membros da família ainda vivos e que têm sangue tricolor nas veias, Oscar Cox era um *bon-vivant*, alegre, comunicativo e bem-humorado. Em depoimento ao jornal O Globo, quando do centenário tricolor, em 2002, dona Maria da Glória (então com 84 anos), sobrinha de Cox, comentava: "Ele era muito simpático, bonitão, um tipo bem boa-praça. Não tinha filhos e nos tratou o tempo todo com muito carinho. Falava muito, num português com sotaque. Adorava falar de futebol."

Idealista, aristocrata, mas amante do futebol e do amadorismo puro, Cox foi o primeiro presidente do Fluminense, sendo substituído por Francis Walter na virada de 1903 para 1904. Morreu na Inglaterra, em 1931, e a seu pedido teve o corpo trasladado para o Rio, sendo enterrado no cemitério São João Batista.

Seu sonho, porém, não foi sepultado. Vive na sede das Laranjeiras e no gosto de muitos cariocas que se apaixonaram pelo esporte que Cox difundiu na cidade.

– O futebol do Rio nasceu com o Fluminense. A história do futebol no Rio é a história do Fluminense. Os demais vieram a reboque – enfatiza Mandelblatt.

Um Rio de transformações

2

Quando Oscar Cox e os pioneiros do futebol carioca começaram a dar os primeiros chutes, encontraram no Rio um terreno fértil para um novo sport, como se dizia. No final do século XIX e começo do XX, quando o futebol foi implantado no país, o Rio era a capital da jovem República brasileira e uma cidade sedenta por novidades que firmassem sua imagem de maior metrópole nacional e, mais, como uma cidade moderna e europeizada.

Bem antes, no começo do século XIX, ainda sob o domínio português, o Rio era uma pequena vila restrita praticamente onde se localiza, atualmente, o Centro. A economia era agrícola, e a vida, basicamente familiar. Com a chegada, em 1808, de Dom João VI, rei de Portugal, e da Família Real portuguesa, que havia fugido de Lisboa (invadida pelo imperador francês Napoleão Bonaparte), o Rio teve de ser adaptado para se tornar sede da Corte portuguesa. A cidade cresceu economicamente com a Abertura dos Portos, decretada por Dom João VI, e também passou a ter um novo e mais adequado cenário urbano. A cidade, à época, crescia para a Zona Norte.

No começo do século XIX, mesmo depois da presença da Família Real, alguns fatores dificultavam a prática de esportes no Rio. Àquela época, a elite e a classe média pouco saíam à rua, a não ser para irem à igreja. Quem ocupava as ruas e as praças eram os escravos, no ir e vir do cumprimento de suas obrigações. As condições de higiene eram inadequadas, havia mau cheiro nas ruas, e o tráfego de carroças era intenso, barulhento e prejudicado pelo calçamento irregular.

Além disso, havia na elite e na classe média um forte preconceito contra a atividade física, já que na mentalidade então reinante fazer esforço físico era próprio dos escravos. Professor e historiador, com livros e textos publicados sobre a memória da cidade do Rio, Milton Teixeira observa:

> No século XVIII, no Rio, a elite não fazia qualquer atividade física. As mulheres eram carregadas em liteiras.

– No século XVIII, o homem branco e a mulher branca não faziam qualquer atividade física. Era uma depreciação moral usar as mãos. Isso ocorria na Europa também, onde a nobreza não usava as mãos. Quem as usava era chamado de mecânico e, no Brasil, essa era a atividade dos mulatos. Os negros eram escravos e os brancos, senhores. No filme "Mauá, o Imperador e o Rei", há uma frase do Visconde de Feitosa que mostra bem isso: "Nossa função é ter idéias." Eles acreditavam que os brancos existiam para ter idéias. Em Portugal, os nobres trabalhavam administrando coisas, mas sem usar as mãos.

Ainda segundo Teixeira, esse costume luso-brasileiro de não usar as mãos deixou em situação estranha e curiosa o pintor francês Jean Baptiste Debret, que viveu na cidade entre 1816 e 1831 e retratou cenas da cidade e da escravidão como integrante da Missão Artística Francesa.

– Em 1817, Debret causou escândalo por carregar os próprios pincéis. Ele era ridicularizado nas ruas. Tanto que chegou a alugar um escravo para carregar seu material. As mulheres eram carregadas pela rua. Usavam sapatos de seda para não andar. Eram carregadas deitadas

Um Rio de transformações

em liteiras (uma espécie de cama ou sofá) ou sentadas em cadeirinhas e serpentinas. Era assim que elas chegavam à igreja. Até para se ajoelhar precisavam dos escravos. Algumas se jogavam no chão da igreja para demonstrar sua fragilidade - conta Milton Teixeira.

No século XVIII, pouco havia no país que se pudesse chamar de esporte. Teixeira observa, porém, que se praticava no Rio o jogo de bocha, uma espécie de antepassado do boliche e que era chamado de jogo da bola. Os homens praticavam também a cavalhada, uma tradição que permanece ainda hoje em Pirenópolis, Goiás. Na cavalhada, o cavaleiro usa uma lança para atingir um recipiente (elevado, bem acima do solo) repleto de jóias. O campeão entregava a jóia à mulher amada. Em 1810, já no século XIX, houve uma cavalhada no Largo do Paço, atual Praça XV, na comemoração do casamento de Dona Maria Teresa, filha de Dom João VI, com o infante Pedro Carlos, da Espanha. Outra prática, comum entre os militares, era a equitação.

O Rio de Janeiro teve touradas no século XIX.

- Entre os séculos XVII e XIX, o fino era ser gordo porque isso dava idéia de fartura. Mulheres gordas eram consideradas boas parideiras (férteis). Para as magras, havia roupas com enchimento para que parecessem ser gordas. Para os homens, era bonito ter a barriga avantajada. A pessoa magra era considerada pobre - comenta Milton Teixeira.

Depois da Abertura dos Portos, em 1808, os ingleses trouxeram para o Rio o turfe, com corridas na Praia de Botafogo entre o Morro da Viúva, no Flamengo, e o Morro do Pasmado, em Botafogo.

- Queixando-se do sol forte, os ingleses corriam de guarda-sol, como o Barão de L'Owestern - relata o historiador.

O panorama começaria a mudar quando cresceu, com a vinda da Corte portuguesa, a influência cultural da França. Antes ainda da Proclamação da Independência, em 1822, por influência espanhola e portuguesa, foram abertas no Brasil praças de touro. O próprio Dom João VI inaugurou uma delas em 1818, onde hoje está o Campo de Santana. Outra funcionava entre as ruas Ipiranga e Laranjeiras. As touradas só seriam proibidas em 1910, já no período republicano, pelo prefeito general Sousa Aguiar.

Depois da Independência, aumentou a influência econômica inglesa, e as caminhadas nas florestas eram comuns. Segundo Teixeira, o Imperador Pedro I era ótimo cavaleiro e fazia viagens em tempo recorde, como o trajeto entre o Rio e Minas Gerais em 14 dias, e entre o Rio e São Paulo em cinco dias. Ele teria sido o primeiro a escalar o Morro do Corcovado. Àquela época, as pessoas morriam cedo, com 40 anos a 45 anos. Uma pessoa com 50 anos já era considerada idosa, e os escravos morriam com cerca de 30 anos em decorrência dos maus-tratos. Em 1850, foi proibido o tráfico escravagista, e com isso os escravos passaram a ser mais bem tratados porque valiam mais.

– Um escravo valia 15 bois, ou, em valores de hoje, cerca de R$ 26 mil. Os senhores de escravos passaram a trocar o chicote do castigo pela cachaça como um prêmio pelo bom trabalho. Os escravos comiam muita carne e coisas substanciosas, ao passo que os senhores comiam muita coisa gordurosa. O café, que depois se popularizou, era dado a escravos para lhes tirar o sono – conta o historiador.

Na metade do século XIX, em 1850, comunicações e transportes se desenvolveram. De acordo com o jornalista e escritor Sérgio Garcia, em seu livro *Rio de Janeiro – passado e presente*, naquele ano, a cidade passou a ter um sistema de comunicação telegráfica com a Europa. No mesmo ano, foi inaugurada a linha de transatlântico entre o Rio e a Europa. Pouco depois, em 1854, a então capital do Império passava a dispor de iluminação a gás, o que deu algum impulso à vida noturna.

> No século XIX, um escravo valia 15 bois ou cerca de R$ 26 mil, em valores atuais.

Um Rio de transformações

O setor de transportes teve importante desenvolvimento em meados do século XIX. Em 1837, começam a circular os omnibus, que eram carruagens puxadas por animais para 12 pessoas. Os primeiros bondes, também com força animal, datam de 1856. Dois anos depois, foi inaugurada a Estrada de Ferro Central do Brasil, entre o Centro do Rio e Raiz da Serra, em Magé. Passados oito anos, a linha se estendeu para as províncias de São Paulo e Minas Gerais. Mais tarde, em 1883, surgiria a ligação entre o Rio e Petrópolis. Também na segunda metade do século, foram inauguradas as linhas Auxiliar e Leopoldina para ligar o Centro do Rio à Zona Norte. Com isso, a cidade, antes quase restrita ao Centro, começava a se expandir para o Norte a partir de São Cristóvão. Em 1892, circulavam na capital da recém-proclamada República os primeiros bondes elétricos.
- O Rio daquele tempo era bem diferente, mas o carioca já tinha espírito rueiro, de gostar de ir para a rua, algo que começou a existir na segunda metade do século XIX. As ruas do Rio eram estreitas porque, como aqui a temperatura era alta, achavam que com ruas estreitas havia mais sombra – relata Garcia.
Se hoje o Rio é mundialmente conhecido por suas praias, o Rio do século XIX não tinha grande ligação com o mar, identificado como um lugar por vezes habitado por seres mitológicos. Não havia, até a década de 1850, a prática do banho na praia. Somente na segunda metade do século, quando começou a chegar ao país a informação de que o banho de mar era terapêutico é que a população começaria a ter interesse em ir às praias, antes local de depósito de detritos. Graças a isso, o remo se desenvolveria de forma mais intensa.
Somente mais tarde, a partir de 1910, o banho de mar se tornaria lazer, a começar pela antiga Praia do Boqueirão, próximo onde se situa atualmente o Museu de Arte Moderna (MAM). Nos anos 1930, Copacabana se tornaria famosa.

> Não havia no Rio, até a década de 1850, a prática do banho de mar.

O sobrenome do inglês Aleixo Gary, que explorava a coleta de lixo, deu origem à palavra "gari".

Em 1879, mesmo ano em que a cidade passava a ter tratamento de esgoto, ficaria incorporado ao vocabulário o nome de um personagem curioso. Sérgio Garcia conta em seu livro sobre o Rio que o inglês Aleixo Gary obteve a concessão para explorar o serviço de coleta de lixo da capital imperial. Seu sobrenome, Gary, foi aportuguesado para gari, que passou a designar o trabalhador encarregado de recolher os detritos na cidade.

Naquele distante século XIX, os horários e hábitos dos cariocas eram bem diversos dos de hoje. O Rio acordava cedo, por volta das 5h, com os tiros de canhão da Fortaleza do Morro do Castelo (o morro seria desbastado na década de 1920). Por volta das 7h, era servido o almoço (e não o café-da-manhã). O cidadão trabalhava até as 12h, quando ia jantar, e não almoçar. Depois disso, dormia até as 16h, quando retornava ao local de trabalho e lá permanecia até as 18h. Às 19h, de volta à casa, o carioca ceava e, logo depois, ia dormir.

Entre 1870 e 1900, eram criados no Rio os prados, as primeiras pistas para corridas de cavalo. A partir da década de 1880, a vinda de maiores levas de imigrantes alteraria a rotina da população. Alemães e italianos traziam hábitos diferentes, entre os quais os do esporte. Professores oriundos da Europa, que vieram trabalhar no Brasil, trouxeram também a prática desportiva, que já fazia parte dos currículos de instituições de ensino européias desde a segunda metade do século XVIII, em especial na Inglaterra. O remo começa a ganhar impulso no Rio também a partir de 1880, por iniciativa de pessoas ligadas à Marinha e de portugueses radicados na cidade.

Outro fator de difusão da prática esportiva, no Rio e no Brasil, foram os estudantes, filhos de famílias mais ricas que voltavam da Europa. Lá, eles haviam tido contato com vários esportes. Ao voltarem ao país de origem, traziam essas influências. Isso aconteceria mais tarde com

Um Rio de transformações

o paulista Charles Miller e o carioca Oscar Cox, dois dos pioneiros do futebol no Brasil. O ciclismo, muito praticado na Europa, ganhou força no país, igualmente no fim do século XIX.

- A cidade tem desde então aquela característica de renegar o passado e desprezar o pobre. Mas o pobre sempre se integra e renova a sociedade. Nos séculos XVII e XVIII já era assim, com os escravos tentando se integrar às festas religiosas de então – acrescenta Garcia.

O Rio vivia um efervescente período de mudanças. No aspecto social e político, a Abolição da Escravatura, em 1888, acabou levando à Proclamação da República, no ano seguinte. Entretanto, a Abolição não promoveu a imediata integração dos negros à sociedade – o que talvez não tenha ocorrido até os dias de hoje.

Os libertos à época, cerca de oitocentos mil, passaram da escravidão à miséria, sem direito à terra para cultivar, escolas, assistência social e hospitais. Os ex-escravos foram se concentrar, principalmente, no Rio, em São Paulo e em Salvador, onde fundavam bairros africanos, precursores das atuais favelas.

Com a Abolição da Escravatura, cerca de oitocentas mil pessoas foram libertadas.

Também no que diz respeito à economia, a República não promoveria mudanças no padrão monetário de então. Mesmo terminado o Império, a moeda seguia sendo o real. Na prática, em decorrência da sua desvalorização, o que se usava era o mil-réis. Um conto, que equivalia a um milhão de réis, era escrito da seguinte forma: Rs 1:000$000. Curiosamente, ainda há quem até hoje se refira a quantias como contos e mil-réis, palavra que acabaria gerando a gíria merreca (pouco dinheiro). As moedas de prata e de níquel cunhadas na época traziam efígies (figuras) femininas mitológicas como as da República e da Liberdade.

No fim do século XIX, a população carioca girava em torno de quatrocentas mil pessoas. A partir de 1897, a cidade teve incorporada a seu panorama urbano a primeira favela, no Morro da Providência, no

Futebol Brasil Memória

O Morro da Providência, no Centro do Rio, é o local da primeira favela carioca.

Centro. Militares que haviam sido enviados do Rio para combater no Nordeste o movimento do líder religioso e político Antônio Conselheiro, em Canudos (que ele rebatizou de Bello Monte), na Bahia, tiveram como base de suas operações o Morro da Favela.

Segundo Sérgio Garcia e outros historiadores, o nome favela é oriundo de uma planta leguminosa chamada faveleiro, existente naquele morro. Vitoriosos no confronto com Conselheiro, os militares voltaram ao Rio, à espera da promessa feita pelo governo republicano de receberem lotes de terra. Em conseqüência do atraso na liberação dos lotes, causado pela burocracia, os militares ficaram no Morro da Providência. Como naquele local também havia o faveleiro, a comunidade que se formou no morro carioca passou a ser chamada de Morro da Favela.

Outro fator modesto de mudança do cenário urbano foi o automóvel. Eles começaram a circular pela cidade, timidamente, no final do século XIX e começo do XX. Em 1903, havia apenas meia dúzia na cidade. E em 1906, eram 153.

No começo do século XX, a cidade enfrentava problemas como sujeira, excesso de mosquitos e precárias condições de higiene, o que exigia uma série de mudanças. Estas só foram concretizadas na chamada Reforma Passos, no começo do século XX.

Para Garcia, na primeira década do século passado, apesar de o elitismo do futebol daquele período, novamente o povo carioca e brasileiro soube transformar sua realidade. Ele acredita que o futebol tenha sido reinventado pelos mestiços e se tornou algo bem diferente do que era praticado pelos times de atletas brancos e filhos de ingleses.

– Comparando com o nosso tempo, é como o movimento *funk*, que mobilizava 1,5 milhão de jovens na Zona Norte a cada final de semana, mas era ignorado pela Zona Sul. Agora, as meninas da Zona Sul vão a

Um Rio de transformações

bailes *funk*. O futebol foi ao contrário. Saiu da Zona Sul para a Norte e voltou como um *tsunami* – analisa.

Filho de muitos pais
3

O ficialmente, o pai do futebol brasileiro é Charles Miller. Paulista, filho de ingleses, desembarcou em São Paulo em outubro de 1894, procedente da Inglaterra, trazendo duas bolas de futebol e um livro de regras da modalidade.
Miller era um jovem de quase vinte anos quando voltou dos estudos no exterior. Um ano depois de sua volta, conseguiu promover o primeiro jogo oficial de futebol no Brasil, em que os funcionários da Companhia de Gás derrotaram os da São Paulo Railway por 4 x 2.
Originalmente um clube de críquete, o São Paulo Athletic Club ou SPAC (atual Clube Atlético São Paulo, que nada tem a ver com o São Paulo Futebol Clube, do Morumbi) se tornaria, por influência de Miller, um dos primeiros difusores do futebol. Miller havia aprendido a jogar futebol – e bem – na Banister Court School, em Southampton, naquele país.
Baixinho, driblador, artilheiro, ele havia sido atacante do time do Southampton e da seleção do condado de Hampshire. Mais conhecido pelos ingleses como Nipper (Garoto), ele, ao chegar ao

Brasil, logo se empenhou em difundir a modalidade entre os clubes da colônia inglesa da capital paulistana. Sempre pelo mesmo time, o SPAC, existente até hoje, ele foi jogador e dirigente. Depois, se tornou árbitro. Morreu em 1953. Teria sido invenção dele a jogada conhecida como charles ou chaleira, na qual se toca a bola com o calcanhar, no alto. Encantado com o futebol brasileiro, o jornalista inglês Aidan Hamilton está radicado no Brasil há cinco anos. Autor do livro *Um jogo inteiramente diferente: futebol – A maestria de um legado britânico* (editado na Inglaterra e no Brasil), Hamilton observa que Miller, na Inglaterra, havia jogado contra craques daquele país pelos times da Banister e pelo Saint Mary's, ambos de Southampton (além de ter feito partidas pelo Corinthian inglês, que inspiraria a fundação do Corinthians Paulista, em 1910), e pela seleção do condado de Hampshire, no sul do país. Foi um símbolo e um astro do SPAC, tricampeão paulista entre 1902 e 1904.

Charles Miller havia feito uma carreira de sucesso no futebol inglês.

– Miller não era qualquer um. Quem trouxe o futebol (enquanto esporte de competição) para o Brasil não foi qualquer jogador. Na Inglaterra, atuou ao lado de vários jogadores do Corinthian inglês, base da seleção de lá. Ele jogava um futebol de bom nível. Sem dúvida, se desejasse, ele poderia ter permanecido por lá e ter feito carreira no futebol inglês – atesta Hamilton.

O fato de Miller ter estudado na Inglaterra lhe deu certa precedência entre os pioneiros do futebol brasileiro.

– Ele tinha certa autoridade para falar sobre futebol, sobre os exercícios físicos, os treinamentos. As pessoas viam que ele realmente conhecia futebol, que era talentoso. As ligações do futebol brasileiro com o inglês eram muito fortes no começo do século passado – acrescenta Hamilton. Em seu livro, o jornalista inglês narra que ao se decidir a voltar para o Brasil, Miller deixou saudades entre os amantes do futebol, do

Filho de muitos pais

críquete (tradicional esporte britânico, a que também se dedicava) e do six football (futebol com times de seis atletas), em Southampton e Hampshire. Uma prova disso é que o cronista *Sir* Bevis, do jornal Southampton Observer, lamenta a decisão do left-winger (ponta-esquerda) anglo-brasileiro de retornar à terra natal.

– Compreendi que Charles Miller, o afiado left-winger da Banister, poderia ajudar o time nesta temporada, mas ouço dizerem que hoje (29 de setembro de 1894) provavelmente será seu último sábado na velha Inglaterra, pois na próxima sexta-feira (já no começo de outubro) ele pretende voltar para sua casa na América do Sul. Lamentaremos perder esse ardoroso desportista completo em nossos jogos, que ele abrilhantou. Posso apenas transmitir os desejos de meus leitores, expressando a esperança de que ele tenha uma viagem agradável e muito sucesso em seu novo ambiente – escrevia Bevis sobre Miller, que embarcou no navio *Magdalena* numa sexta-feira, dia 5 de outubro.

Miller desembarca em Santos, trazendo duas bolas de futebol.

Nascido no Brás, em São Paulo, a 24 de novembro de 1874, Miller estudou na Inglaterra entre 1884 e 1894, entre os 9 e os 19 anos. Em entrevista ao jornal O Imparcial, publicada em 21 de outubro de 1927, Miller recordava o diálogo com seu pai, John Miller (a mãe se chamava Carlota Alexandra Fox), na chegada ao Porto de Santos.

"No cais de Santos, solene, como se fosse para uma missa, meu pai esperava que eu desembarcasse com o clássico canudo do diploma. Mas eis que salto-lhe à frente com duas bolas de futebol, uma em cada mão... O velho, surpreso, indaga:

– Que é isto, Charles?

– O meu diploma – respondo.

– Como?

– *Yes! Your son has graduated in football...* [Sim! O seu filho se formou em futebol...]

Temperamento alegre, o velho riu-se do *bluff* (piada). Estava salva a pátria..."

Em outra entrevista, desta vez à extinta revista O Cruzeiro, de 1953, Miller contava como conseguira motivar alguns amigos do SPAC a jogar o que no futuro viria a ser chamado de pelada, isto é, uma partida informal.

– Como é esse jogo? – perguntaram uns.

– Com que bola vamos jogar? – indagaram outros.

– Eu tenho a bola. O que é preciso é encher – respondeu Miller.

– Encher com o quê? – perguntaram.

– Com ar – retrucou Charles.

– Então, vá buscar, que eu encho... – respondeu um dos integrantes.

Além do futebol, Charles Miller também gostava de tênis e golfe.

Inglês de 67 anos, quarenta deles radicados em São Paulo, onde se casou e constituiu família, John Mills, historiador do SPAC, escreveu o livro bilíngüe (em português e inglês) *Charles William Miller – 1894 a 1994, Memoriam SPAC*, sobre a trajetória de Miller na Inglaterra e seu pioneirismo no futebol brasileiro.

– O São Paulo Athletic Club, mais conhecido pelas iniciais SPAC, foi fundado no mesmo dia da Proclamação da Lei Áurea, em 13 de maio de 1888, por ingleses que tinham vindo trabalhar nas ferrovias. Quando o clube foi fundado, Miller estava estudando na Inglaterra. O tio dele, Peter, foi um dos fundadores. Charles Miller era comunicativo, mas humilde, reto, praticava o fair play (jogo limpo). Ele ficava louco quando alguém cometia faltas feitas. Era uma pessoa séria, correta, amigável, que jogou futebol, tênis, foi fundador da Federação Paulista de Tênis, jogou golfe até morrer. Parou de jogar pelo SPAC em 1910. Ele se casou com a famosa pianista Antonieta Rudge, e eles tiveram dois filhos, Carlos e Helena – narra Mills.

Segundo ele, apesar de o SPAC inicialmente se dedicar ao críquete, seus jovens freqüentadores tiveram boa aceitação da novidade do futebol.

Filho de muitos pais

— O futebol dava espaço para todos jogarem. O tênis, a pelota basca, o ciclismo e o golfe são individuais. O rúgbi também é coletivo, mas é muito bruto. O futebol pode ser jogado de forma mais limpa, com menos contato físico que o rúgbi, e por isso caiu nas graças do povo — comenta o escritor.

Se o futebol brasileiro tem em Charles Miller um pai, por seu pioneirismo, o paulistano Carlos Miller Rudge Júnior, pode-se dizer o neto do pai do futebol. Seu pai, Carlos Rudge Miller, era filho de Charles Miller. Nascido em 1956, Carlos não chegou a conhecer o avô famoso, que havia morrido três anos antes. Ele conta que a família conserva alguns troféus, medalhas e condecorações de Charles Miller. Entretanto, seu avô não pensou em guardar e catalogar tais objetos, de modo a possibilitar a criação de um museu mais tarde.

Charles Miller também foi o introdutor do rúgbi no Brasil.

— Talvez ele não tenha imaginado a dimensão do que o futebol representaria para o Brasil — diz ele, sobre o avô, vice-cônsul da Inglaterra em São Paulo e criador da primeira agência de turismo do país, a Miller.

Pouca gente sabe, mas segundo Carlos, também foi Miller o introdutor do rúgbi no Brasil, na mesma época do futebol. A maior obra do patriarca da família, porém, foi a de apresentar os brasileiros ao futebol.

— Quando se fala em futebol, as pessoas pensam nos clubes ou na seleção. Mas eu penso em juntar 11 de cada lado, com suas limitações, mas cada qual ajudando o outro. O mais importante no futebol é a integração das pessoas. Não sei quantos milhões de brasileiros praticam o futebol a cada semana (nas peladas), só por amor, sem ganhar um tostão — observa ele, que até seus cinco anos de idade era tratado pelo nome do avô, Charles, com o qual é conhecido até hoje.

Além do São Paulo Athletic Club ou SPAC, outros pioneiros na capital paulistana foram o Mackenzie College; o Germânia, o atual Pinheiros;

o Internacional e o Paulistano. Resta observar que todas essas associações eram elitizadas e que só aceitavam rapazes brancos, ricos, de boa família, descendentes de ingleses ou alemães e com grau universitário.

Ainda não era a vez dos rapazes vindos do povo, embora clubes populares tenham se organizado mais tarde, em São Paulo, na chamada várzea. Eram os times de italianos, espanhóis, portugueses e operários, a mistura que daria origem, em 1910, ao Corinthians.

No fim do século XIX, jovens entusiastas do esporte foram, aos poucos, dividindo com Miller essa paternidade do futebol. Idealistas como Belfort Duarte, fundador do Mackenzie em São Paulo e um dos nomes mais importantes da história do América, no Rio; Hans Nobiling, filho de alemães, idealizador do Germânia; Casimiro da Costa, do Internacional; e Bento Pereira Bueno, do Paulistano. Esses clubes se destinavam a outras modalidades, mas acolheram o futebol.

Os primeiros clubes especificamente criados para o futebol foram o Rio Grande, da cidade do mesmo nome, no Rio Grande do Sul, e a Ponte Preta, no Estado de São Paulo, ambos em 1900.

Em sete anos, entre 1894 e 1901, Miller e seus companheiros conseguiram difundir o esporte o suficiente para criar uma entidade, a Liga Paulista de Futebol, que organizou, em 1902, o primeiro torneio desse esporte na história do Brasil, o Campeonato Paulista.

O São Paulo Athletic foi tricampeão entre 1902 e 1904. Abandonou o futebol da Primeira Divisão em 1912, em razão da aproximação do regime profissional, que iria contrariar os estatutos exclusivamente amadores do clube. Depois, também venceriam o torneio equipes como Paulistano, Germânia, Internacional, Associação Atlética das Palmeiras (nada a ver com o Palmeiras atual) e Americano.

Curiosamente, todas essas forças do futebol paulista do começo do

Belfort Duarte, do Mackenzie, de São Paulo, faria história no América, do Rio.

Filho de muitos pais

século XX foram superadas mais tarde. Entre as décadas de 1910 e 1930, o futebol paulista sofre cisões em duas ligas. O Paulistano abandona o futebol na década de 1930, e Palmeiras e Corinthians dominam o cenário. O São Paulo Futebol Clube, do Morumbi, é criado em 1935, e o Santos se torna um grande clube a partir, principalmente, dos anos 1950, com Pelé.

Da mesma forma que Miller em São Paulo e Oscar Cox no Rio, outros estados também tiveram os seus pais do futebol. O segundo campeonato mais antigo do país é o Baiano, que data de 1905, um ano antes do Carioca. Quem introduziu o futebol em Salvador foi José Zuza Ferreira, que, ao voltar da Inglaterra, em 1901, levou à capital baiana a primeira bola. No mesmo ano, no Campo da Pólvora, começou a difundir a modalidade e, em 1903, os brasileiros ganharam de 2 x 0 de marinheiros norte-americanos aportados em Salvador. Isso motivou os adeptos do novo esporte a fundar clubes como o Baiano, o primeiro destinado ao futebol naquele estado. Criado para o críquete, o Vitória, que existe até hoje, tomou parte no primeiro campeonato conquistado pelo Internacional.

> O segundo campeonato mais antigo do país é o Baiano, de 1905.

O futebol pegou rapidamente no Brasil. Como uma febre. Até 1917, já estava difundido nas maiores cidades do país. Outro estado que foi um dos primeiros a praticar a modalidade foi o Rio Grande do Sul. Lá, curiosamente a novidade não entrou pela capital, mas pela cidade portuária, Rio Grande. Em 1903, quando dois times de Rio Grande foram jogar em Porto Alegre, numa partida de exibição, o desportista Cândido Dias da Silva, que tomara conhecimento desse esporte em São Paulo, foi ao jogo levando uma bola que ganhara de presente da Inglaterra. No meio do jogo, a bola estourou, e Cândido emprestou a dele, sob a condição de que lhe dessem um livro de regras.

O esporte agradou, e ainda no mesmo ano foram fundados na capital gaúcha o Porto-alegrense e o Grêmio, que desde então passaram a jogar a Taça Wanderpreiss. Em 1909, era fundado o Internacional, e a partir de 1910, foi realizado o Campeonato de Porto Alegre. O primeiro Campeonato Gaúcho foi disputado em 1919.

Em Pernambuco, o primeiro incentivador do futebol, em 1905, foi Guilherme de Aquino Fonseca, que estudara na Inglaterra. O primeiro Campeonato Estadual aconteceu em 1915.

Vitor Serpa é considerado o pioneiro do futebol em Minas Gerais, em 1904, ao criar o Sport Club, em Belo Horizonte. Diferentemente de São Paulo e do Rio, os primeiros aficionados do esporte em Belo Horizonte não eram descendentes de europeus, mas jovens brasileiros. O campeonato começou em 1915, com o América mineiro vencendo todas as 11 primeiras edições.

O América venceu os 11 primeiros campeonatos do Estado de Minas Gerais.

No Paraná, o futebol se desenvolveu em clubes já existentes. Em 1909, Frederico Fritz Essenfelder, de ascendência germânica, levou uma bola comprada em São Paulo para o Clube Ginástico Teuto-Brasileiro, da colônia alemã, e conquistou entre os freqüentadores da associação os adeptos para a nova modalidade. Entretanto, a diretoria do clube não aceitou essa prática em sua sede, e os jovens fãs do futebol tiveram que jogar num quartel da Polícia. Simultaneamente, em Ponta Grossa, no interior, Charles Wright, funcionário de uma companhia inglesa, organizava peladas nos intervalos do trabalho. Quando os dois grupos tomaram conhecimento um do outro, organizaram um jogo, em Ponta Grossa, que terminou em 1 x 1. Sem espaço no Teuto-Brasileiro, o grupo da capital acabaria fundando o clube Curitibano – depois Coritiba –, que, na partida de volta, superou o time do interior por 3 x 1. O primeiro Campeonato Paranaense foi disputado em 1915.

Filho de muitos pais

Se a história de Miller é brilhante e ele merece mesmo o título de pai do futebol brasileiro – enquanto esporte oficial, de competição, com campeonatos regionais, nacionais e internacionais –, é correto dizer, historicamente, que ele não foi o primeiro a chutar uma bola no Brasil.

Há registros de que em 1864, no Brasil e na Argentina, marinheiros franceses, ingleses e holandeses tenham disputado animadas peladas (jogos informais). Em 1874, marinheiros estrangeiros jogaram uma dessas partidas no Rio, nas imediações de onde está hoje o Hotel Glória; e, em 1878, marinheiros do navio *Criméia* se enfrentaram em frente ao Palácio da Princesa Isabel, também no Rio.

O futebol também já era conhecido no Brasil – como forma de recreação e não competição oficial – em colégios como o São Luís, administrado pelos jesuítas, em Itu, interior de São Paulo. Lá, o padre José Mantero, que havia conhecido a prática em visitas a escolas européias, introduziu o esporte na hora do recreio com as bolas e as regras trazidas do continente europeu. Em 1897, em Petrópolis, na Região Serrana do Estado do Rio de Janeiro, padres de um colégio adotaram o futebol como parte das atividades educativas. Mais tarde, ex-alunos desses colégios, já conhecedores do futebol como recreação, se tornariam alguns dos primeiros praticantes no Brasil do futebol de competição.

> Em 1864, marinheiros europeus disputaram "peladas" no Brasil e na Argentina.

A doença do patriotismo
4

Corria o ano de 1908. A visita de uma seleção argentina ao Rio para jogos acertados pela Liga Metropolitana, fundada em 1905, provocaria nos cariocas um novo sentimento, o de patriotismo por meio do esporte, embora a seleção brasileira só fosse passar a existir oficialmente em 1914.

Quando da visita dos argentinos, em 1908, o cronista Paulo Barreto escreveu no jornal Gazeta de Notícias: "Estarei eu às vésperas dessa doença inexplicável que se chama patriotismo? Patriotismo por quê? Patriotismo limitado a um campo de football? Entretanto, é verdade. ...E do desânimo eu caio na ansiedade de que nós – nós – vençamos no campo do Paysandu."

Apesar de toda a torcida de Barreto, os argentinos, que se dedicavam ao futebol há mais tempo, venceram os combinados de jogadores brasileiros e ingleses por 3 x 2, 7 x 0 e 3 x 0, em julho daquele ano. De qualquer forma, segundo os jornais da época, as partidas atraíam um público que, mesmo sem poder entrar no estádio, subia em andaimes e até num morro próximo ao campo do Paysandu

Futebol Brasil Memória

para tentar acompanhar os lances das partidas. Talvez fora esse o prenúncio da futura e grande rivalidade entre Brasil e Argentina.

Quatro anos antes dessa visita, em 1904, o futebol do Rio passou por uma fase de desenvolvimento com a fundação de mais três importantes clubes: Bangu, Botafogo e América. Era o mesmo ano da Revolta da Vacina – quando moradores do Rio se opuseram à campanha de vacinação obrigatória e promoveram tumultos – e da inauguração da Avenida Central, hoje Avenida Rio Branco, no Centro.

Bangu, Botafogo e América são fundados em 1904, mesmo ano da Revolta da Vacina.

Com a fundação desses três clubes e a existência de outros como o Fluminense, o Paysandu e o Rio Cricket and Athletic Association (RCAA), ficava claro o crescente interesse dos cariocas pelo chamado esporte bretão. Esse fator ocasionaria no final de 1905 a fundação de uma liga especialmente para a modalidade.

Dentre os três clubes, o Bangu foi o primeiro a ser fundado, em 17 de abril de 1904, por engenheiros e técnicos da fábrica de tecidos Companhia Progresso Industrial do Brasil, naquele bairro da Zona Oeste da cidade.

A 12 de agosto, jovens alunos de dois colégios da Zona Sul carioca se reuniam num casarão no Humaitá para fundar o Botafogo Football Club (que em 1942 se uniria ao Clube de Regatas Botafogo para dar origem ao clube atual). Também no ano de 1904, na área da Saúde, era fundada, em 18 de setembro, uma nova associação denominada América Football Club.

A partir de 1905, começaram suas atividades no futebol: Riachuelo; Cosme Velho; Leme; Boêmios (Vila Isabel); Aldeia Campista; Engenho Velho; Humaitá e Brazilian (Copacabana).

Como ainda não havia campeonato em disputa, eram os amistosos – entre times cariocas ou entre equipes cariocas e de ingleses – nos campos do

A doença do patriotismo

Paysandu e do Fluminense que atraíam o público e cativavam os novos adeptos desse esporte, que começava a ter públicos expressivos ou até maiores do que os das corridas de cavalos no Derby Club (onde hoje está o Complexo Esportivo do Maracanã) ou das peças teatrais. Para essa difusão do futebol, além dos jogos propriamente ditos, pesou uma certa catequese por parte dos pioneiros. O escritor e desportista inglês E. Weber havia lançado na França, em 1905, o livro *Sports athleticos*. Tratava-se de uma espécie de manual com regras e táticas de futebol e de vários outros esportes como o tênis e o hóquei. Em 1907, a obra já estava editada no Brasil, com grande sucesso.

Por meio dela, os primeiros adeptos do futebol, como Victor Etchegaray, conseguiram tomar conhecimento de todo o vocabulário relativo ao jogo e também às posições dos jogadores. Tudo em inglês, claro, como convinha à época.

Em meio a toda aquela sofisticação do futebol, os uniformes eram importados da Europa. Como se viu no caso do Fluminense, também se veria no Botafogo, que mandou vir da Europa camisas listradas em preto-e-branco, à semelhança do Juventus de Turim.

O Bangu era uma exceção. Seu uniforme listrado vermelho e branco foi confeccionado na fábrica de tecidos. Ia ficando longe na mentalidade das pessoas da época o preconceito que se tinha no século XIX contra a prática esportiva e o exercício físico, considerado algo digno de escravos. O futebol ia conquistando muitos jovens das classes mais altas, que freqüentavam o Fluminense, o Paysandu e o Botafogo, por exemplo, mas também dos subúrbios. Ao final de 1906, já existiam na cidade pelo menos trinta clubes de futebol.

Tanto foi assim que, em 1907, dois anos depois da fundação da Liga Metropolitana de Futebol, foi criada, por iniciativa do Mangueira, a Liga Suburbana de Futebol na sede do Riachuelo, no bairro de

> Em meio à sofisticação do futebol, clubes cariocas importavam seus uniformes da Europa.

mesmo nome, na Zona Norte da cidade. Dela, fizeram parte clubes como o Atlético do Méier; Pedregulhense; Mangueira; Cascadura; São Cristóvão (nada a ver com o atual); Alumínio; Universo; Democrático; Guarany, do Méier; Realengo; Piedade; Juvenil, de Cascadura; Americano, da Piedade; e o Sampaio. O Riachuelo, curiosamente, jogava também a Segunda Divisão da Liga Metropolitana.

Essa era uma espécie de resposta ao elitismo da Metropolitana, cujos clubes na maioria – à exceção do Rio Cricket and Athletic Association (de Niterói), do Bangu e do América (que na época estava na segunda divisão) – eram baseados na Zona Sul e não aceitavam negros e operários, por exemplo. Acontecia, porém, às vezes, de jogadores de clubes da Liga Metropolitana defenderem também times da Suburbana. Mais tarde, no começo dos anos 1920, seria nas equipes da Suburbana e de outras ligas paralelas à Metropolitana que o Vasco encontraria bons jogadores negros, mulatos e da classe operária para formar seu time, bicampeão em 1923-1924.

Para Ricardo Lucena, doutor em Educação Física e professor da Universidade Federal da Paraíba, a partir dos anos 1910, ocorreria no Rio e no país um processo de popularização lenta do futebol, antes fechado nos clubes elegantes da elite das maiores cidades brasileiras.

– O povo foi se apropriando do futebol, que era de elite, até na forma de jogar. Por isso, surgiriam mais tarde jogadores como Friedenreich (final da década de 1910 e durante os anos 1920) e Leônidas da Silva (década de 1930 em diante). A população em geral começou a jogar futebol nas ruas, criando uma espécie de outro *status* para esse esporte – analisa ele, autor do livro *O esporte na cidade*.

Foi o surgimento de clubes – grandes e elitizados ou pequenos e sediados no subúrbio – o grande motor do desenvolvimento do

Em paralelo às atividades dos clubes de elite, o povo passou a jogar futebol nas ruas.

A doença do patriotismo

futebol no Rio. Cada clube encara a si próprio como algo além de uma associação destinada à prática de um ou mais esportes. Cada um mitifica sua história, suas cores, seus feitos no passado, seus grandes atletas e projeta para si um futuro mais grandioso que o possível.

Se nos EUA uma equipe de basquete da NBA (liga norte-americana profissional da modalidade) ou de futebol americano da NFL (liga norte-americana profissional desse esporte) se destina apenas a disputar um determinado campeonato, sem sede social, piscina, salões de festas ou escolinhas para futuros atletas, um clube brasileiro – apesar das denúncias de corrupção – vai além de sua equipe de futebol e inclui outras modalidades. Tem uma bandeira, uma camisa, cores tradicionais, gritos de guerra, uma história, vida social e às vezes até trabalhos comunitários e de beneficência que deveriam ser tocados pelos governos. Tal é o caso de clubes que mantém escolas em suas sedes ou são conveniados com colégios. Nesses estabelecimentos de ensino estudam jovens atletas que vão para cidades maiores tentar a sorte no futebol, por exemplo.

Em seu livro *O descobrimento do futebol*, Bernardo Borges Buarque de Hollanda analisa que os clubes visavam tentar adaptar a realidade brasileira à vida civil européia.

– Em países como Brasil, Argentina ou Uruguai, antes de significar uma agremiação esportiva, um clube era uma das formas que o migrante europeu buscou para manter o elo, ainda que no plano simbólico, com sua terra e com seu país natal, com sua língua e com sua cultura ancestral – escreve Bernardo.

Com o desenvolvimento do futebol e o surgimento dos clubes, a prática esportiva começava a conquistar a população carioca, que passava a ter como modelo o desportista, e não mais o dândi. Do inglês *dandy*, essa palavra é usada para designar, de acordo com o

> Aos poucos, o modelo masculino passa a ser o do desportista.

Dicionário Aurélio, o homem que se veste com extremo apuro. Num sentido pejorativo, conforme o mesmo dicionário, um dândi é um janota ou um almofadinha, alguém exageradamente preocupado com sua aparência.

O jornalista Geraldo Romualdo da Silva escreveu num artigo publicado no Jornal dos Sports a respeito da história do clube inglês Arsenal, que visitava o Brasil em 1949:

– Fundar um clube é criar uma pátria. Comparação que se identifica e se justifica por quase tudo. Os mesmos anseios, as mesmas lutas, as mesmas desventuras e ainda as mesmas alegrias. Um clube representa soma interminável de dedicação – dedicação que ergue estoicamente os alicerces de um futuro luminoso. Pátria e clube significam batalhas afins, iguais dissensões e conflitos parecidos. ...É interessante observar que pátria e clube têm origens parecidas. Filhos da aventura e produtos do heroísmo, não é sem sacrifícios que atingem o ponto desejado até que o mastro da libertação se levante e se enfune a bandeira do grande ideal de descobrir e depois construir.

Essa identificação patriótica com o clube é notória. Tanto que grupos de torcedores referem a si próprios como nação ou raça. Isso é bem claro numa frase do jornalista e escritor rubro-negro José Lins do Rego:

– Amo o Flamengo como se fosse um pedaço da terra onde nasci.

O paraibano José Lins do Rego era tão rubro-negro que se indignava com o fato de sua amiga, a também jornalista e escritora cearense Rachel de Queiroz, ser uma vascaína declarada. Em 1946, ele escreveu uma crônica na qual a conclamava a passar a torcer pelo rubro-negro, argumentando que pelo fato de ela ser nordestina deveria torcer pelo clube que, em seu entender, mais se identificaria com o Nordeste:

– Há em Rachel tudo para ser do Flamengo. É ela uma louca, uma lírica, uma autêntica paixão em violência. E, depois, filha do Ceará, que é o

> Para torcedores, clubes são como pequenas pátrias.

A doença do patriotismo

estado mais flamengo [José Lins do Rego usava a palavra flamengo com f minúsculo para se referir aos torcedores do clube, em vez de dizer rubro-negro] do Brasil. ...Ora, Rachel, vamos acabar com essas mascaradas. Você é flamengo. ...Venha para o Flamengo, Rachel querida.

Também numa crônica, em 1952, Rachel respondia:

– ...O Vasco é diferente. Não quer dizer localidade urbana, nem quer dizer um partido, significa muito mais do que um simples clube de futebol e regatas. O Vasco é, acima de tudo, uma legenda e um símbolo. É o velho coração português. ...E, com tudo isso, brasileiro até não poder mais – que o português se congrega com o mulato ou o crioulo carioca, com o nortista raceado de caboclo, os meios-sangues italianos de São Paulo, os teuto-nacionais do Sul, o japonês e sírios e o que mais haja, pois tudo isso somos nós brasileiros, e nessa mistura temos uma imagem viva do Vasco, que é por sua vez uma imagem viva do Brasil.

Como se vê nos textos de ambos os autores, o que os leva a aderir a um clube não é somente a conquista de um campeonato nem a presença de um grande craque na equipe. É um caso de amor por uma entidade mitificada, que congrega homens e mulheres, jovens e velhos, pessoas de várias raças. É o clube, a pequena pátria.

Há mais de mil anos
5

Séculos antes de craques como Friedenreich ou Leônidas da Silva, datam de 3.000 anos a 2.500 anos antes de Cristo (a.C.), na China, na Dinastia do imperador Huang-Ti, as primeiras manifestações da prática de impulsionar com o pé (foot) uma bola ou esfera (ball) rumo a uma espécie de meta ou gol. Poemas citam os chineses Chan Fu e Wan Chi Son como grandes jogadores da época, antecessores de todos os craques do mundo.

Antes de chegar ao Brasil na forma em que o conhecemos, o futebol era praticado de maneira rudimentar em vários lugares e épocas. Também na China, em 2197 a.C., surgia o tsu-chu. Nele, os crânios de inimigos – depois substituídos por bolas de couro – eram chutados pelos soldados entre estacas fincadas no chão. Era um passatempo dos militares e dos nobres.

Uma variação dessa prática, o kemari, surgiu no Japão, difundido pelos imperadores Engi e Tenrei. As bolas eram de fibras de bambu. Havia oito jogadores de cada lado, e o contato físico era proibido.

Na Grécia, por volta de 850 a.C., Homero, autor da *Ilíada*, relatara num livro a existência de esportes com bola, entre os quais o epyskiros, praticado somente com os pés por dois times de nove jogadores cada. Em campos maiores, cada equipe poderia ter até 15 participantes. A bola, feita de bexiga de boi com ar e areia, era arremessada para metas no fundo do campo.

Nas Américas do Norte e Central, no Yucatán, onde atualmente está o México, uma atividade precursora do futebol era praticada pelos maias, entre 900 a.C. e 200 a.C. Com as mãos e os pés, os jogadores tentavam arremessar uma bola de borracha em orifícios circulares no meio de seis quadrados de pedra. A derrota era punida com a morte. O líder da equipe perdedora era sacrificado aos deuses.

Duzentos anos antes de Cristo, os soldados romanos jogavam o harpastum, no qual uma bola de bexiga de boi e recoberta de couro era passada de pé em pé, até que alguém a arremessasse no fundo da meta do time rival. Era o gol daquele tempo. Apreciada pelo imperador Júlio César, a modalidade – levada pelos romanos a terras conquistadas, como a Bretanha (atual Reino Unido), Ásia Menor e norte da África – era marcada pela violência. Eventualmente, soldados morriam nos treinos e nas partidas.

Na Idade Média, na região onde hoje localiza-se a França, se praticava o soule ou choule. Era um jogo da realeza, semelhante ao harpastum, do qual tomava parte o rei Henrique II. Na Itália, em Florença, em 1580, foram estabelecidas as regras do calcio florentino. Até hoje naquele país o futebol é chamado de calcio. A partida acontecia numa praça e era muito violenta. O objetivo era levar a bola com os pés e com as mãos para a barraca do time adversário, montada no fundo do campo. Papas e nobres apreciavam essa atividade, que tem uma encenação anual até hoje, em junho.

> Na Itália medieval, se jogava o calcio, nome que o futebol tem até hoje naquele país.

Há mais de mil anos

Tradicionalmente apontados como inventores do futebol, os ingleses provavelmente aprenderam a chutar a bola com o harpastum romano no século I d.C. ou com o soule francês. Desde o século XII, jogava-se o violento mass football, algo como o futebol de massa, em que até quinhentas pessoas se engalfinhavam na tentativa de levar a bola para um dos portões da cidade, que seria, em termos modernos, um gol.

Há informações de que, em 1321, em Darnhill, na Inglaterra, os vencedores de uma partida chutavam pelas ruas as cabeças de suas vítimas, os perdedores. Mas esse tipo de confronto foi proibido a pedido da Igreja. As autoridades religiosas e civis se preocupavam com os excessos cometidos, mesmo que os jogadores fossem religiosos e lordes. Em Sussex, depois da cerimônia de batismo, sacerdotes se confraternizavam jogando bola. Mas mesmo entre os religiosos, esses encontros acabavam em violência e em pernas quebradas. Em 1486, foi utilizada pela primeira vez a palavra football para se referir à prática de arremessar a bola com os pés, mas sem permitir agressões maiores aos adversários. Antes, em 1425, num mosteiro agostiniano em Bicester, próximo a Oxford, na Inglaterra, surgira a primeira equipe com certa organização, uniformes numerados e jogos de confraternização.

No mass football, quinhentas pessoas lutavam pela bola. A modalidade foi proibida por causa de sua violência.

No século XVI é usada a palavra sport, do latim desporto, que quer dizer incitação ou entusiasmo. De acordo com estudiosos do assunto, como o brasileiro Manoel Tubino – ex-presidente do Conselho Nacional de Desportos (CND), presidente da Federação Internacional de Educação Física e autor de livros sobre o tema –, todo esporte engloba um jogo, uma competição e um conjunto de regras. Para ser esporte, é obrigatória a participação do elemento humano.

Em 1700, a modalidade do mass football foi proibida por sua violência, mas uns dez anos depois alguns colégios ingleses a adotaram – de

Futebol Brasil Memória

maneira abrandada – como forma de atividade física. Sua aceitação foi crescendo, mas era difícil uniformizar as regras, já que em algumas escolas era permitido também o uso das mãos. Daí, surgiriam o rúgbi e o football association (o futebol praticado em duzentos países).

Em 1846, alunos do Rugby College escreveram as regras do esporte, que tomou emprestado o nome da escola, o rúgbi. Futuramente, essa modalidade, em que se usam as mãos e os pés, daria origem, nos EUA, ao American football, o futebol americano, no qual também se usam mãos e pés.

Em 1848, em Cambridge, mestres e alunos, porém, discordaram do Rugby College e mantiveram a proibição do uso das mãos e dos braços, adotando nove regras. Em 1857, era fundado, na Inglaterra, o Sheffield, o clube de futebol mais antigo do mundo.

Em 1863, no dia 26 de outubro, na taberna Freemason, em Londres, representantes de 11 clubes e escolas instituíram as 11 primeiras das 17 regras do futebol e fundaram a Football Association, a Federação Inglesa. Para difundir a modalidade foram criadas cartilhas vendidas em clubes, escolas e bancas de jornal. Começava a popularização do novo esporte.

Em 1871, foi disputada a primeira Copa da Inglaterra de clubes, a competição mais antiga do mundo. Um ano depois, Inglaterra e Escócia fizeram o primeiro jogo internacional da história: 0 x 0. Em 1904, era fundada a Fifa (Federação Internacional de Football Association).

Para o historiador Eric Hobsbawn, o fato de a partir do século XVI a Inglaterra ter estendido seu domínio econômico, cultural e lingüístico pelo mundo favoreceria a expansão do futebol por diferentes regiões do planeta:

– O esporte que o mundo tomou como seu foi o futebol de clubes, filho da presença global britânica, que introduziu times com nomes de empresas

Fundado em 1857, o Sheffield é o clube de futebol mais antigo do mundo.

Há mais de mil anos

britânicas ou compostos de expatriados britânicos, do gelo polar ao Equador. Esse jogo simples e elegante, não perturbado por regras e/ou equipamentos complexos, e que podia ser praticado em qualquer espaço aberto mais ou menos plano do tamanho exigido, abriu caminho no mundo inteiramente por seus próprios méritos, e com o estabelecimento da Copa do Mundo em 1930 tornou-se genuinamente universal.

Cavalheiros negros

6

Eles jamais foram campeões cariocas. Mesmo assim, os jogadores Francisco Carregal e Manuel Maia fazem parte da história do futebol na cidade. Graças ao pioneirismo do Bangu, o meio-campo Maia e o atacante Carregal se tornaram os dois primeiros atletas negros nessa modalidade de que se tem notícia no Rio.

Naquele período, ainda marcado pelo elitismo e racismo dos clubes cariocas, caberia a um time da Zona Oeste, o Bangu, ter os dois primeiros jogadores afro-descendentes do futebol carioca. Tanto Carregal quanto Maia eram funcionários da Companhia Progresso Industrial do Brasil, a fábrica de tecidos daquele bairro. Carregal estreou na equipe alvirrubra em 14 de maio de 1905, na vitória bangüense num amistoso com o Fluminense, por 5 x 3, em Bangu.

Àquela época não se disputava ainda o Campeonato Carioca, cuja primeira edição só ocorreria no ano seguinte. Manuel Maia estreou precisamente no campeonato de 1906, tornando-se assim o primeiro negro a jogar numa competição oficial no Rio. Sua

Futebol Brasil Memória

estréia se deu em 1º de abril de 1906, nos 2 x 0 sobre o Riachuelo, num amistoso, em Bangu.

Carregal, por sua vez, formaria nos segundos times (equipes de reservas) do clube, disputando apenas o campeonato principal de 1909, quando encerrou a carreira. Atuou como goleiro num dia amplamente desfavorável: uma goleada de 9 x 0 imposta pelo Fluminense, no Campeonato Carioca.

Em 1907, a Liga Metropolitana proíbe jogadores negros no campeonato.

De acordo com o jornalista carioca Carlos Molinari, torcedor e pesquisador da história do clube da Zona Oeste, a atitude do Bangu de escalar Maia no campeonato de 1906 e Carregal no torneio de segundos times acabou lhe custando a participação no torneio do ano seguinte.

– Em 1907, havia uma determinação da Liga Metropolitana de Esportes Terrestres (LMET), presidida por Francis Walter (presidente do Fluminense), de que não fossem aceitos como atletas amadores cavalheiros de cor (negros), como eles diziam. No dia 4 de maio de 1907, ao receber essa carta da Liga, o Bangu decide não jogar o campeonato daquele ano e se desfiliar da Liga, em solidariedade a seus jogadores negros Maia e Carregal – relata Molinari, que cita em sua obra o texto da Liga:

– "Comunico-vos que a diretoria da Liga, em sessão de hoje, resolveu por unanimidade de votos que não serão registrados nesta Liga as pessoas de cor. Para os fins convenientes, ficou deliberado que a todos os clubes filiados se oficiasse nesse sentido a fim de que cientes dessa resolução de acordo com ela possa proceder" – registra Molinari, acrescentando que tal nota foi publicada na Gazeta de Notícias, em 18 de maio de 1907.

Ainda segundo o pesquisador – autor do livro *Nós é que somos bangüenses* e colunista do *site* Bangu.net –, não restou ao Bangu, por ter estado fora da Liga, outra alternativa que a de promover um

Cavalheiros negros

campeonato paralelo naquele mesmo 1907. A competição se chamou Taça João Ferrer, em homenagem ao espanhol diretor-gerente da fábrica de tecidos (todos os que ocupavam o cargo eram presidentes de honra do clube, automaticamente). Do torneio, além do Bangu, campeão, tomaram parte o Brasil Atlético Clube, que jogava com uniformes em verde e branco e também tinha sede em Bangu; o Esperança Futebol Clube, do mesmo bairro e cujos uniformes eram azuis e brancos; e o Cascadura Futebol Clube.

– Esse torneio foi disputado em 1907, no antigo campo do Bangu, no jardim da fábrica, numa rua conhecida popularmente como Rua Ferrer, hoje Rua Cônego de Vasconcellos. Em 1908, ainda fora da Liga, o Bangu jogou vários amistosos. Em 1909, voltou à Liga Metropolitana de Sports Athleticos. Porém, no mesmo ano, abandonou o campeonato por ter tido sua vitória sobre o Riachuelo (4 x 2) anulada – acrescenta Molinari.

Somente em 1911 o Bangu retornaria aos campeonatos, na Segunda Divisão, da qual se tornou campeão. Depois de novo rebaixamento em 1913, o clube alvirrubro venceu novamente a Segunda Divisão em 1914 e subiu à Série Principal em 1915. Somente em 2004 foi novamente rebaixado.

O Bangu foi fundado num domingo, em 17 de abril de 1904, na casa de um dos diretores da fábrica de tecidos, o desportista inglês John Stark, que viera para o Brasil trabalhar naquela indústria. Na realidade, segundo Molinari, a história do clube começara com a criação da Companhia Progresso Industrial do Brasil, em 1899. O nome Bangu, em língua tupi, significa um anteparo negro que projeta sombra. A empresa tinha capital português e brasileiro, mas eram os técnicos de tecelagem e especialistas ingleses que desempenhavam as funções de chefia de seções. Entre esses técnicos, havia, além dos ingleses, espanhóis e portugueses.

Desportista inglês radicado no Rio, John Stark é um dos fundadores do Bangu.

Futebol Brasil Memória

Os brasileiros trabalhavam na linha de produção. Para Molinari, na fábrica de tecidos de Bangu já se conhecia o futebol antes mesmo de Charles Miller chegar a São Paulo com duas bolas, em 1894, para a prática desse esporte.

– Em 1897, os técnicos ingleses e escoceses haviam tentado fundar um clube, mas a idéia foi vetada pelo então tesoureiro da empresa, Eduardo Gomes Ferreira, que considerava que a prática de esporte pelos operários só iria desviar a atenção deles em relação ao trabalho. De qualquer maneira, já havia jogo de futebol na fábrica (como lazer) desde 1894, por iniciativa de Thomas Donohoe (um dos técnicos de tecelagem escoceses). Em 1903, quando João Ferrer assumiu o cargo de diretor-gerente, ele apoiou a idéia do clube, que contava com o suporte da fábrica na confecção dos uniformes, por exemplo – conta.

Molinari credita ao Bangu a integração da Zona Oeste ao futebol que nascia no Rio. Não fora o clube, talvez a modalidade tivesse permanecido mais tempo restrita aos jovens da Zona Sul.

– Na história do futebol carioca, o Bangu é fundamental, imprescindível. Era o único clube do subúrbio. Os times da Zona Sul levavam um domingo inteiro para irem a Bangu jogar. O Bangu era a chance de o pessoal mais pobre e que morava mais distante (da Zona Sul) poder ver jogos de futebol – argumenta o jornalista.

O vermelho e branco da camisa e da bandeira do Bangu não foram fruto do acaso, mas expressavam a admiração de boa parte dos ingleses que trabalhavam na indústria pelo Southampton da Inglaterra, que usava essas mesmas cores.

Inicialmente, era o The Bangu Athletic Club, nome oficial da associação, assim mesmo, em inglês, com o artigo The (no caso, equivalente a O, em português). Além do futebol, a idéia era se dedicar ao tênis na grama e ao críquete (esporte tradicional inglês), mas o críquete e

Fundada como The Bangu Athletic Club, a associação da Zona Oeste escolheu o vermelho e branco em homenagem ao Southampton inglês.

Cavalheiros negros

o tênis não caíram muito no gosto dos bangüenses, que tinham em outra agremiação do Rio o seu modelo.

– O Fluminense, que havia sido fundado em 1902, serviu de base à fundação do Bangu. Os que se opunham à criação do clube achavam que o local seria um ponto de jogatina e que prejudicaria a produção. Mas os técnicos ingleses mostraram que o ideal seria ser como o Fluminense, só que na Zona Oeste. Só funcionários da fábrica poderiam ser sócios, e até comerciantes do bairro eram vetados – explica Molinari.

Avenida Belle Époque
7

Chama-se de Belle Époque, ou Bela Época, um período de grande efervescência cultural surgido na França, no final do século XIX, e que se espalharia pela Europa e chegaria ao Brasil, já que muitos artistas brasileiros expunham, trabalhavam e tinham contatos com a França.

A nova tendência cultural teve influência em várias artes, como na literatura e na pintura, mas também na arquitetura e no que hoje se pode chamar de urbanismo. Na Belle Époque predomina a idéia de modernidade. Interessa e apaixona o que é novo, moderno, em contraposição ao que é antigo, ultrapassado. Esse movimento cultural privilegia a cidade – não mais o campo –, promovendo uma nova ordem mundial e um local mais propício para as manifestações artísticas e culturais, entre elas o esporte.

– A Belle Époque era uma época de ascensão social. No Império, havia senhores e escravos. Com a Belle Époque surge uma classe média de empresários, que vão dar força aos esportes. Essa classe aceita as novidades, incluindo o esporte, que era uma maneira de ser louvado.

Durante a Belle Époque, no século XIX, o Rio se abre aos hábitos e à influência da Europa.

Por isso, os primeiros desportistas eram amadores e não queriam dinheiro – analisa o historiador e professor Milton Teixeira.

Na França, foi durante a Belle Époque que a capital Paris passou por intensa reforma urbana, conduzida com mão de ferro pelo Barão Haussmann, cujo projeto incluía largas avenidas como forma de facilitar a circulação e também como uma maneira de melhorar as condições de saneamento. Esse tipo de reforma urbana foi adotado em outras capitais européias.

Tais tendências chegaram também ao Brasil – no Rio, em São Paulo e em outras capitais – e esse período ficou conhecido como Belle Époque Tropical, entre 1889 (Proclamação da República) e 1922 (Semana de Arte Moderna, que iniciou o Modernismo). No governo do presidente Rodrigues Alves, entre 1903 e 1907, a pedido da nova elite econômica e social do Rio, teve início a remodelação da cidade.

– O Rio era uma cidade inviável. Não tinha um bom porto. Não tinha prédios decentes nem avenida, e a cidade sofria com febre amarela, varíola, cólera-morbo e peste bubônica. Foi necessária uma mudança na cidade. É a época em que o Rio se abre à Europa – narra Teixeira.

Dizia-se, àquele tempo, que o Rio, capital federal, precisava se civilizar e se europeizar. Dentro desse ideário, pretendia-se mudar hábitos da população carioca, especialmente a mais pobre. Uma das idéias era a de civilizar o Carnaval, pondo fim ao por vezes violento entrudo (brincadeira carnavalesca que de vez em quando terminava em brigas); transferir essa festa para o inverno, por causa das altas temperaturas em fevereiro; e proibir o uso da fantasia de índio, a preferida dos foliões mais carentes.

Nesse período, foram importadas para o país fantasias dos personagens europeus arlequim, pierrô e colombina. No que diz respeito ao vestuário, trocava-se a sobrecasaca e a cartola pelo paletó.

Avenida Belle Époque

As tradicionais serenatas e os violões passaram a ser condenados, assim como o curandeirismo e a feitiçaria, vistos como sinais de atraso. Manifestações populares como as festas juninas e a malhação do judas também se tornaram inaceitáveis.

Barracas de varejistas, carrocinhas e restaurantes populares, tudo isso passou a ser detestado. Em paralelo a esse processo de sofisticação forçada, os governantes resolveram tornar a capital federal mais européia. A bem da verdade, o Rio tinha a fama de ser uma cidade suja, de ruas estreitas e com vários cortiços em antigos casarões em sua área central. As hoje valorizadas e conhecidas Copacabana e Ipanema eram vistas como pontos distantes.

Bota-abaixo: casas e cortiços eram demolidos sem indenização.

À semelhança de Paris, o Rio também teria o seu Barão Haussmann, na pessoa do prefeito Pereira Passos, que havia cursado Matemática no Brasil e Engenharia na França. O presidente Rodrigues Alves havia feito passar uma lei no Congresso, estabelecendo que o prefeito do Distrito Federal (no caso o Rio de Janeiro) seria de escolha do presidente. Rodrigo Alves indicou Pereira Passos para o cargo, dando-lhe carta branca para fazer as modificações que julgasse necessárias. Passos assumiu em 1903.

Em paralelo a seu trabalho, também por nomeação do presidente, o engenheiro Lauro Müller cuidou da reforma do Porto, e o médico sanitarista Oswaldo Cruz foi encarregado do saneamento. Os três voltaram baterias contra os cortiços da área central da cidade, porque dificultavam o acesso ao porto, eram insalubres e tornavam confusa a circulação em pleno Centro do Rio.

Casas e habitações foram demolidas sem indenização, ficando essa atitude conhecida popularmente como bota-abaixo. Os moradores foram se refugiar nas favelas, nos morros já habitados pelos ex-escravos, ou na então distante Copacabana. Essas medidas foram elogiadas pelos

Futebol Brasil Memória

A Avenida Central passou a se chamar Avenida Rio Branco em 1912.

intelectuais, como Olavo Bilac, que chegou a escrever que os golpes das picaretas pondo abaixo as casas condenadas eram uma sinfonia.

Sob Pereira Passos, a capital federal começou a se tornar a cidade partida que é hoje, de acordo com expressão criada pelo jornalista Zuenir Ventura. Para a Zona Sul, dirigiu-se a elite, ao passo que as classes mais baixas e os militares foram para a Zona Norte. Considerados hoje bairros de elite, Gávea e Jardim Botânico eram então comunidades operárias.

Na remodelação do Centro do Rio, Passos abriu, em 1904, o primeiro trecho da Avenida Central (inaugurada totalmente em 1905), que em 1912 passou a se chamar Avenida Rio Branco. Ela foi criada para unir a Praça Mauá, nas imediações do Porto, à Praça Floriano, atual Cinelândia. Símbolo da renovação carioca, a Avenida Central foi criada à imagem dos bulevares parisienses. Quando de sua abertura, já havia trinta edifícios prontos e mais noventa em construção. As edificações tinham de obedecer às regras do concurso de 1903, que estabelecia como modelo o estilo arquitetônico de Paris.

Datam da época edifícios reconhecidos até hoje como os mais belos da cidade, como o Theatro Municipal (inaugurado em 1909), que muito se assemelha à L'Opéra (teatro da ópera) de Paris, a Biblioteca Nacional (inaugurada em 1910) e a Escola Nacional de Belas Artes (inaugurada em 1908 e que passou a ser um museu em 1937). Pela avenida, desfilavam homens e mulheres vestidos ao melhor estilo europeu.

Com a Avenida Central, a Avenida da Belle Époque, a cidade ficaria mais próxima de Copacabana e de outros bairros da Zona Sul, cujas populações foram crescendo. Também datam desse período as Avenidas Beira Mar, de Ligação (atual Oswaldo Cruz), Mem de Sá, Estácio de Sá e Atlântica.

Avenida Belle Époque

Tais mudanças, porém, não foram aceitas tão facilmente. No aspecto da saúde pública, as campanhas de vacinação de Oswaldo Cruz foram alvo de polêmica. Até na imprensa, havia quem dissesse que a obrigatoriedade de vacinação – contra varíola, febre amarela e peste bubônica – era um desrespeito à liberdade individual. Toda a polêmica levou, em novembro de 1904, a uma série de conflitos na área central da cidade, que ficaram conhecidos como Revolta da Vacina. Desses choques, resultou um número não calculado de mortos e feridos. Houve confrontos com a polícia, greves, barricadas, quebra-quebra e tiroteios nas ruas. Militares armaram um golpe contra o presidente Rodrigues Alves, que decretou estado de sítio e derrotou os revoltosos, mas suspendeu a obrigatoriedade da vacina. Três anos depois, porém, a febre amarela estava erradicada da cidade.

> Mortos, feridos, choques com a Polícia, barricadas, quebra-quebra e tiros. Era a Revolta da Vacina.

Para Sérgio Garcia, estudioso da história da cidade e autor de *Rio de Janeiro – passado e presente*, havia a intenção de se prevenirem doenças, mas a maneira de se alcançar tais objetivos não era correta:

– Os fins eram nobres, mas os meios eram cruéis e arbitrários. Invadiam as casas para forçar as pessoas a se vacinarem. Isso revoltou a população pobre. Tudo isso foi num crescendo porque os cortiços estavam sendo demolidos (para a abertura da Avenida Central). Os pobres nunca tiveram voz. Morreu gente nesses confrontos, e as pessoas faziam barricadas.

O historiador Milton Teixeira concorda:

– Uma oligarquia estava no poder (no começo da República). As decisões eram adotadas de cima para baixo. O governo remodelou a cidade sem consultar as massas. Expulsou as pessoas de suas casas, e a campanha de vacinação foi a gota d'água, o estopim da revolta. Parecia que depois de pôr as pessoas para fora de suas casas, o governo invadiria seus corpos. Até mesmo intelectuais como Rui Barbosa foram contrários à vacina obrigatória.

Futebol Brasil Memória

A Belle Époque não teria sido tão significativa para o Rio de Janeiro se não fosse também a campanha de eletrificação da cidade. Em substituição aos lampiões a gás, a luz elétrica passava a iluminar o Rio, o que encantou os cariocas daquele tempo e facilitou a vida noturna. Com a energia, os bondes começaram a circular pela cidade com maior freqüência do que os anteriores, com tração animal. Os automóveis começaram a circular no início do século XX. Em 1903, havia seis carros no Rio e, em 1906, ano do primeiro Campeonato Carioca, havia 153. Um ano antes, em 1905, era disputada a primeira corrida de automóveis no Rio, na inauguração do atual Largo do Machado. A partir de 1912, os carros eram obrigados a ter freios, porque até então os motoristas tiravam o pé do acelerador para fazer o veículo parar.

A onda de reformas em vários aspectos da vida da cidade deixava a elite carioca entusiasmada. Dizia-se que o Rio estava se civilizando e vivendo sua idade de ouro. Em meio a esse clima de abertura ao novo, ao moderno, e ao que era europeu, o futebol, um esporte de origem inglesa e considerado uma novidade por aqui, chegou ao Brasil e especificamente à então capital federal.

Goleiro, presidente, campeão

8

Pênalti é algo tão importante que deveria ser cobrado pelo presidente do clube, diz um ditado recorrente no futebol.

Porém, no Fluminense, primeiro campeão carioca, em 1906, quem tentaria defender um eventual pênalti seria o próprio presidente do clube e da Liga Metropolitana de Futebol, Francis Walter. Ele representou o tricolor como goleiro nas seis primeiras partidas do torneio.

- É fácil entender por que Walter participou como jogador além de ser presidente do clube. Todos eram jovens e jogavam futebol ao mesmo tempo em que dirigiam seus clubes e a Liga. Naquela época, os clubes tinham poucos sócios, e aqueles pioneiros eram atletas e dirigentes – explica o presidente do Conselho Deliberativo do clube, Milton Mandelblatt, enquanto passeia pelo salão de troféus do Fluminense. Entretanto, algo que é totalmente inimaginável para os padrões atuais é saber que o mesmo Walter, goleiro, presidente do Fluminense (1903 a 1908) e da Liga, era à mesma época, entre 1905 e 1906, presidente do Clube de Regatas do Flamengo, então totalmente dedicado ao remo.

Futebol Brasil Memória

Para difundir o futebol, livretos com as regras eram distribuídos.

Naquele histórico primeiro campeonato, já havia no Rio duas divisões. Na Primeira Divisão, além do Fluminense, estavam Paysandu, Rio Cricket, Botafogo, Bangu e Football and Athletic. Apesar de também ter sido fundador da LMF, o América participou da Segunda Divisão, juntamente com Colégio Latino-Americano e Riachuelo.
A estréia tricolor já era um prenúncio do título: 7 x 1 sobre o Paysandu, nas Laranjeiras. Em dez partidas, a equipe campeã obteve 9 vitórias e sofreu apenas 1 derrota, para o Paysandu (no returno). O artilheiro foi Horácio da Costa Santos, com 18 gols. Na última partida, já campeã, a equipe tricolor arrasou o Football and Athletic por indiscutíveis 11 x 0.
O time tricolor campeão contava com Waterman (Francis Walter), Victor Etchegaray e Salmond; C. Portella, Buchan e Gulden; Oswaldo Gomes, Costa Santos, Edwin Cox, Emílio Etchegaray e Félix Frias.

Dois anos depois do primeiro título tricolor em 1906 e passada a polêmica do campeonato de 1907 (em que Fluminense e Botafogo não decidiram o título), o tricolor voltou a dominar o futebol do Rio. Em fevereiro de 1907, América, Botafogo, Fluminense, Paysandu, Riachuelo e Rio Cricket fundaram uma nova entidade, a Liga Metropolitana de Esportes Terrestres (LMET), em substituição à Liga Metropolitana de Futebol (LMF), dissolvida por causa da crise de 1907. Nessa época, a distribuição de livretos com as regras do esporte em lojas tradicionais ajudou muito a difusão do esporte.
Em 1908, já na Liga Metropolitana de Sports Athleticos (LMSA), o Fluminense conquistou o título invicto, algo inédito no futebol carioca até então, com 8 vitórias e 2 empates, 44 gols pró e 11 contra. O goleador, porém, foi do Botafogo: Flávio Ramos, com 8 gols. O presidente do tricolor era o mesmo Francis Walter

Goleiro, presidente, campeão

que, no entanto, não atuaria como goleiro em 1908. O time-base era: Waterman, Victor Etchegaray e Salmond; J. Leal, Buchan e Nestor Macedo; Oswaldo Gomes, Horácio Costa Santos, Edwin Cox, Emílio Etchegaray e Félix Frias.

Um ano depois, em 1909, o tricolor conquistou o que considera seu tetracampeonato, incluindo na seqüência 1906, 1907 (dividido com o Botafogo), 1908 e 1909. Foi uma nova campanha invicta. A equipe-base era composta por Waterman, Victor Etchegaray e Buchan; Galo (Armando de Almeida), Mutzembecker e Nestor Macedo; C. Hargreaves, Waymar, Joaquim Costa Santos, Emilio Etchegaray e Félix Frias. Ao todo, a equipe fez 9 jogos, com 7 vitórias e 2 empates, 54 gols a favor e 8 contra.

Depois de serem campeões invictos de 1911, nove tricolores vão para o Flamengo.

Em 1911, uma grande alegria, mas também uma imensa perda para o Fluminense. O tricolor conseguiu a proeza de ganhar todos os jogos em ambos os turnos. Muito desse sucesso se deveu ao pioneirismo do clube, o primeiro a ter contratado um técnico, o inglês Charles Williams, que, além de receber 18 libras esterlinas mensais, exigiu casa, comida e duas passagens de ida e volta, entre Rio e Londres. A vitoriosa campanha incluiu 6 partidas e igual número de triunfos, com 21 gols a favor e apenas 1 contra. A equipe-base era composta por Baena, Píndaro e Lawrence; Amarante, Nery e Galo; Orlando, Oswaldo, Alberto Borgerth, Gustavo e James Calvert, artilheiro da competição, com 7 gols. Entretanto, ao mesmo tempo em que obteve todo esse brilho, como campeão invicto, o Fluminense sofreria no final da temporada a dissidência de nove jogadores, liderados por Alberto Borgerth, que se transferiram para o Flamengo, depois de uma crise com a diretoria (fatos a serem detalhados em outro capítulo). Só permaneceriam no tricolor Oswaldo Gomes e James Calvert.

Futebol Brasil Memória

Foi num jogo amistoso entre Bangu e Fluminense, em 1905, no jardim da fábrica de tecidos de Bangu (campo do clube), que surgiu a idéia de criação de uma liga e de um campeonato cariocas. Era, na realidade, a primeira partida da história dos alvirrubros que surpreendeu os tricolores, que já se dedicavam ao esporte há mais tempo, batendo-os por 5 x 3.

No banquete que se seguiu à partida, algo tradicional naquele tempo, um sócio do Football and Athletic Club (associação hoje extinta) propôs a criação da liga.

A idéia de criação de uma liga de futebol surge durante um banquete.

Segundo conta o pesquisador bangüense Carlos Molinari, Oscar Cox, considerado o pai do futebol carioca – fundador e primeiro presidente do Fluminense –, foi contrário à idéia. Seu ponto de vista era o de que isso só seria possível quando todas as associações então existentes possuíssem campo e sede próprios. Entretanto, a idéia prosperou. Em 8 de julho de 1905, na sede do Fluminense, representantes do América, Bangu, Botafogo, Fluminense, Football and Athletic e Petrópolis se reuniram para fundar a Liga. Foi eleito o primeiro presidente da Liga Metropolitana de Football, o presidente bangüense, o português José Villas Boas.

Em setembro daquele distante 1905, a Liga publicava em jornais da cidade seus estatutos e regras, entre as quais a obrigatoriedade de se conservar entre os filiados todo o vocabulário do esporte em inglês.

No final do mesmo ano, o Rio Cricket and Athletic Association (RCAA) e o Paysandu – que eram clubes de críquete (esporte tradicional inglês, que nos EUA deu origem ao beisebol) – também pediram suas filiações depois de terem efetuado mudanças em seus estatutos, que não previam a prática de futebol nem a participação em campeonatos dessa modalidade.

Goleiro, presidente, campeão

Ainda em dezembro, terminado seu mandato, o bangüense Villas Boas passava a administração da Liga a Walter, presidente do Fluminense e novo mandatário da entidade que organizaria em 1906 o primeiro Campeonato Carioca.

Consolidada a Liga Metropolitana de Futebol, o primeiro Campeonato Carioca, em 1906, foi realizado com fidelidade às regras da Football Association, a liga inglesa. Seis clubes tomaram parte na primeira edição: Fluminense, Botafogo, Bangu, Football and Athletic, Paysandu e Rio Cricket.

Se hoje o futebol é uma festa que reúne e congrega, no Brasil e em todo o mundo, homens e mulheres de diversas raças, estratos sociais, crenças e origens, naquele tempo um jogo era um evento social que atraía as melhores famílias e as mais admiradas representantes do belo sexo, como os cronistas da época se referiam às mulheres. Ainda não se usavam nas arquibancadas as camisas dos clubes do coração, mas se levavam nos chapéus fitinhas com as cores dos times preferidos.

Para inglês ver... ou ler
9

A palavra football, que deu origem ao vocábulo português futebol, é da língua inglesa e reúne foot (pé) e ball (bola). Significa o esporte da bola jogada com os pés. Quando a modalidade chegou ao país em clubes de influência inglesa, sob forma de competição (não mais nos recreios dos colégios), todo o seu vocabulário era em inglês: posições, jogadas e até a comunicação entre os atletas.

À medida que foi ganhando espaço na imprensa, o esporte mantinha o vocabulário inglês. O gol era goal; o escanteio, corner (palavra usada até hoje); o campo, field; e a falta, foul. É o que Mário Filho narra em seu magistral *O negro no futebol brasileiro*:

– O repertório do capitão do time, justamente quem gritava mais em campo, precisava ser vasto. Quando um jogador de seu time estava com a bola e um jogador do outro time corria para tomá-la, tinha de avisar: man on you (um homem, isto é, um adversário, está se aproximando; hoje, simplesmente se grita: ladrão!). Quando o outro time atacava e ele precisava chamar os seus jogadores lá na

Futebol Brasil Memória

> No futebol brasileiro, no começo do século XX, os atletas, depois dos jogos, ofereciam brindes ao rei da Inglaterra.

frente, a senha era: come back forwards (voltem atacantes!; ou hoje, vamos marcar!). E havia take your man (marque seu homem; ou atualmente, cada um pega o seu) e mais. Onze posições de jogadores num time: goalkeeper (goleiro), full-back right (lateral direito), full-back left (lateral esquerdo), half-back right (zagueiro direito), center-half (volante, o atual cabeça-de-área), half-back left (zagueiro esquerdo), winger-right (ponta-direita), inside-right (meia-direita), center-forward (centroavante), inside-left (meia-esquerda), winger-left (ponta-esquerda). O juiz era referee, transformado em referi ou refe, o bandeirinha era o linesman, e por aí afora.

Naquele futebol para inglês ver (ou ler), quando um atleta fazia falta e queria se desculpar, esse pedido só seria realmente levado em consideração quando o agressor dissesse: I'm sorry! (Desculpe-me!). Terminados os meetings (reuniões, encontros), como eram chamadas as partidas, vencedores e vencidos se confraternizavam bebendo cerveja, principalmente. As festas eram animadas por canções inglesas como "The More We Drink Together, More Friends We'll Be" (Quanto mais bebermos juntos, mais amigos seremos) e "For He's a Jolly Good Fellow" (Ele é um bom companheiro).

Ao entrar em campo ou ao comemorar triunfos, os jogadores gritavam Hip-Hurrah (uma saudação em inglês), e nas confraternizações entre equipes sempre se oferecia um brinde ao rei da Inglaterra. Também os nomes da maioria dos jogadores eram estrangeiros, como o do próprio Charles Miller, ou C. Miller, como saía nos jornais.

Os estrangeirismos não agradavam a muitos torcedores e leitores, que reivindicavam o fim desse vocabulário nas partidas e nas crônicas da imprensa. A partir de 1919, houve uma tentativa de se criar um vocabulário brasileiro para essa modalidade. Até o nome futebol, assim mesmo abrasileirado, não agradava. Houve, portanto,

Para inglês ver... ou ler

defensores de palavras como pébol, ballípodo e futibol. Apesar da pressão de autoridades, políticos e da imprensa, os vocábulos ingleses continuaram a ser usados por muitas décadas. Para ser correto, não é impossível até hoje ouvir de torcedores palavras do idioma inglês ou mescladas, como pênalti (que vem de penalty), beque (de back, para zagueiro), gol (de goal) e córner (de corner para escanteio). Somente com o passar das décadas, de forma natural, sem imposição, os fãs do futebol criaram expressões nacionais como goleiro, zagueiro, meio-campo, atacante e outras.

Nas rádios, o pioneiro em abrasileirar o vocabulário foi Luiz Mendes, radialista há mais de sessenta anos e hoje comentarista da Rádio Globo. Quando locutor, usava em suas transmissões palavras ouvidas do povo.

– Todos os locutores diziam os nomes em inglês. Comecei a usar palavras em português e a escrevê-las em colunas no Jornal dos Sports e no O Campeão, um semanário só de esportes, que saía às segundas-feiras – relata.

Ele lembra ainda que expressões como gandula (pegador de bolas) e volante (jogador de meio-campo que fica na marcação) dizem respeito a duas pessoas.

– Gandula foi um atleta do Vasco nos anos 1940. Nos treinos de bate-bola (recreação), ele gostava de ficar atrás do gol, pegando as bolas e devolvendo-as para o goleiro. Por isso, os meninos que ficavam à beira do campo pegando as bolas ganharam esse apelido. Volante se refere a Carlos Volant, um argentino veterano do Flamengo. Ele, por ter mais idade, não avançava muito. Ficava marcando, atrás. Daí, os técnicos começaram a dizer para alguém que tinha de marcar: "Joga como o Volant!"; "Joga de Volant!" Aí, surgiu a denominação volante para o jogador do meio-campo que cuida da marcação – ensina.

Gandula e Volant: dos campos para o vocabulário do futebol.

Uma longa polêmica
10

Brigas no futebol do Rio não são novidades. Vêm desde o começo. Logo em seu segundo ano de realização, em 1907, o Campeonato Carioca enfrentou polêmicas dentro e fora de campo. A maior delas foi a definição de qual clube - Botafogo ou Fluminense - havia conquistado o título. A luta judicial se arrastou até 1996.

A primeira polêmica, porém, ocorreu no começo da temporada de 1907. A Liga Metropolitana de Football (LMF) trocou sua denominação para Liga Metropolitana de Esportes Terrestres (LMET), em fevereiro. A nova entidade adotou medidas preconceituosas, proibindo a participação de atletas afro-descendentes. Com isso, o Bangu - que contava com o jogador negro Manuel Maia no time principal e Carregal (também negro) no segundo time - se retirou e foi jogar amistosos e a Taça João Ferrer.

A polêmica mais longa, porém, seria relativa à própria decisão do título. Ao final do campeonato, Botafogo e Fluminense estavam empatados com dez pontos ganhos e dois perdidos. Pelo regulamento, nesse caso o título ficaria com aquele que tivesse melhor saldo de

Futebol Brasil Memória

O título de 1907 só se "decidiu" em 1996.

gols. O Fluminense tinha 16, e o Botafogo, 14. Mas, como faltava aos alvinegros enfrentar a fraca equipe da Associação Atlética Internacional, a esperança do Botafogo era golear o adversário e tirar a diferença de gols, chegando ao título. Ocorreu, porém, que a Internacional não compareceu, e o Botafogo ganhou por W.O. (não comparecimento do rival), mas não pôde tirar a diferença de saldo. O Fluminense também havia vencido a Internacional por W.O., ganhando os pontos, mas não marcando gols. Com isso, o título ficou sem decisão, e cada um se considerou campeão de 1907.

Somente em 1996, já sob a administração da atual Federação de Futebol do Estado do Rio de Janeiro (Ferj), o Superior Tribunal de Justiça Desportiva (STJD) da Confederação Brasileira de Futebol (CBF) dividiu o título. Durante a polêmica quase centenária, em 1989, a Ferj tinha dado ganho de causa ao Fluminense.

Com isso, o clube das Laranjeiras passou a ser oficialmente tetracampeão, de 1906 a 1909, e o Botafogo alterou um verso de seu hino extra-oficial para "Campeão desde 1907", e não mais "desde 1910".

Na crise de 1907, a situação se tornou insustentável para a LMET, que se dissolveu. Na temporada, o tricolor contava com Waterman, Victor Etchegaray e Salmond; Clyto Portella, Buchan e Gulden; Oswaldo Gomes, Horário da Costa Santos, Edwin Cox, Emílio Etchegaray e Félix Frias. O alvinegro, por sua vez, formava com Álvaro, Raul e Octávio; Norman, Ataliba e Lulu; Ronaldo, Flávio, Canto, Gilbert e Emanuel.

Toda a confusão de 1907 parecia destoar do clima de cordialidade e cavalheirismo de que os dirigentes dos chamados grandes clubes tanto se orgulhavam. Naquele tempo, em que o remo era um esporte já estabelecido e o futebol ia conquistando espaço na preferência dos desportistas, podia acontecer, por exemplo, de um mesmo atleta ser sócio e participante de equipes de dois clubes.

Uma longa polêmica

Além do caso do tricolor Francis Walter, presidente do Fluminense (de 1903 a 1908) e do Flamengo (entre 1905 e 1906), Virgílio Leite, presidente do Flamengo em três mandatos (entre 1901 e 1903; de 1906 a 1911 e de 1912 a 1913), havia sido um dos fundadores e diretores do Fluminense.

Oscar Cox, presidente e fundador do Fluminense, também chegou a ser sócio do Botafogo. O presidente do Bangu e da primeira liga, José Villas Boas, era associado do América, e Fidelcino Leitão, presidente rubro-negro de 1900 a 1901, seria mais tarde presidente do América, de 1914 a 1918.

Essa integração, mais tarde, na virada de 1911 para 1912, iria permitir que Alberto Borghert, centroavante do time campeão pelo Fluminense, ao se sentir sem espaço no tricolor, se mudasse para o Flamengo. Remador rubro-negro, ele criou no clube um departamento terrestre (de futebol), em companhia de oito ex-tricolores.

Luz, câmera... e gols
11

Futebol e cinema estão entre as diversões favoritas do público brasileiro fora de casa, de acordo com o professor Maurício Murad, do núcleo de Sociologia do Futebol da Universidade do Estado do Rio de Janeiro (Uerj), no livro *Futebol: espetáculo do século*. Curiosamente, embora poucos saibam ou tenham se dado conta disso, futebol e cinema chegaram ao país quase juntos, no final do século XIX. O futebol (de competição) chegou a São Paulo em 1894, vindo da Inglaterra, e o cinema desembarcou no Rio, um ano depois, procedente da França.

Oriundos da Europa, cinema e futebol foram se popularizando aos poucos no país nas décadas de 1920 e 1930. Ambos foram acolhidos no Brasil como símbolos da modernidade da Belle Époque Tropical. Entretanto, apesar de contemporâneos, os caminhos dos dois não têm se cruzado com freqüência. Embora nos anos 1960 e 1970 trabalhos como o cinejornal "Canal Cem" tenham sido elogiados e os principais lances de partidas fossem mostrados nos jornais da tela (resumos do noticiário da semana anterior que eram exibidos nas

> O modernista Menotti Del Picchia escreveu roteiro de filme sobre o futebol no subúrbio.

telas de cinema até os anos 1970), o futebol não costuma ser tema de muitos filmes de longa-metragem. Mais recentemente foram feitos alguns lançamentos de filmes baseados nesse esporte.

O primeiro filme brasileiro sobre futebol data de 1908, com direção e fotografia do português Antônio Leal. Ele registrou o jogo amistoso em que a seleção da Argentina venceu por 3 x 2 um combinado do Brasil (ainda não era a seleção brasileira, que só surgiria em 1914), no estádio do Fluminense, nas Laranjeiras. No Rio, a primeira sessão de cinema foi realizada em 1907.

Seriam necessários mais de vinte anos para que futebol e cinema voltassem a se encontrar. Nas décadas de 1930 e 1940, foram produzidos no eixo Rio-São Paulo dez filmes sobre futebol. Em 1931, por exemplo, foi lançado por Genésio Arruda, também ator, a fita "Campeão de futebol", no qual são mostrados lances de Friedenreich – ídolo do futebol paulista na época –, Ministrinho e Tufi Curi.

O roteiro era de Menotti Del Picchia, um dos maiores nomes do movimento do modernismo. Naquela época, o futebol vivia tensões entre elitismo e popularização, entre o amadorismo e a profissionalização que estava para chegar. O filme mostra a popularização do esporte nos campinhos de pelada de subúrbio, e não nos jogos realizados em grandes estádios pelos grandes clubes. Mais tarde, somente nos anos 1950, o cinema retomaria o futebol como um tema, principalmente a partir da conquista da Copa do Mundo de 1958.

Um dos maiores, senão o maior *showman* do Brasil, o cearense Chico Anysio, de 74 anos, é mais conhecido por seu trabalho como comediante. Talvez as gerações mais novas não saibam, mas ele também foi comentarista de futebol nos anos 1940. Para ele, um

Luz, câmera... e gols

desportista que jogava peladas como meia-esquerda e também um humorista, o cinema talvez não combine com o futebol.

– Futebol não dá humor, nem cinema, porque não se faz um jogo de mentira. Com basquete e beisebol você pode fazer um jogo de mentira para ser filmado. Com futebol não dá; ele é contínuo – explica Chico, que chegou ao Rio com oito anos, em 1939.

Mesmo sem ser saudosista, ele lembra com admiração o futebol de antigamente:

– O futebol de antigamente era um futebol poético. Eu me lembro de um jogo, nos anos 1940, em que o Caxambu, atacante do São Cristóvão, dizia pra namorada: "Pera aí, que vou lá fazer um gol e já volto." E ele ia e fazia. Ele fez cinco no Fluminense, certa vez.

Além desse romantismo, não havia grandes riscos de violência ou agressões.

– Era um futebol sem alambrado. Eu me lembro de que em São Januário (estádio do Vasco, inaugurado em 1927), por exemplo, as cadeiras ficavam à beira da pista de atletismo. Os jogadores mudavam muito pouco de time, e apesar de haver profissionalismo (a partir dos anos 1930), não era como hoje, que há um exagero de dinheiro. Ainda havia um certo amor. Não é que os jogadores não mereçam, mas há certo exagero – considera.

Netos de Dona Chiquitota

12

Colégio Alfredo Gomes, Rio de Janeiro, 1904. Em meio à aula de álgebra, o estudante Flávio Ramos, de 15 anos, passa um bilhete ao colega de sala Emanuel Sodré, da mesma idade, chamando-o para criar um clube de futebol. Convite aceito, surgia assim a idéia da fundação do Botafogo Football Club (que em 1942 se fundiu com o Clube de Regatas Botafogo, dando origem ao clube atual).

O interesse dos jovens pelo esporte se justifica. Flávio havia visto dias antes um amistoso entre o Fluminense e um time de ingleses, no campo do Paysandu (novo nome dos antigos Rio Cricket e Clube Brasileiro de Cricket). Ficou entusiasmado com o futebol. Não queria saber de outra coisa. Em outra conversa com Emanuel, numa viagem de bonde, sugeriu ao amigo que conversasse com Álvaro Werneck, Jacques Raymundo e Antônio Barroso, do Ginásio Nacional, para que fundassem um clube genuinamente brasileiro, já que consideravam o Fluminense ainda sob certa influência britânica.

Futebol Brasil Memória

Em seu livro *O futebol no Botafogo*, Alceu Mendes de Oliveira Castro cita o relato de Emanuel Sodré, um dos fundadores do clube, a respeito daquela aula que entraria para a história do futebol brasileiro:

– Estávamos em uma aula de álgebra, no tradicional Colégio Alfredo Gomes (que dava importância à Educação Física), quando Flávio me passou um bilhete, mais ou menos nos seguintes termos: "O Itamar tem um clube de futebol que joga na Rua Martins Ferreira. Vamos fundar outro no Largo dos Leões? Podemos falar aos Werneck (Álvaro e Octávio), ao Arthur Cesar, ao Vicente, ao Jacques."

> "Um clube do bairro de Botafogo só pode se chamar Botafogo."
> *Francisca Teixeira de Oliveira, Dona Chiquitota*

Emanuel lembrava ainda no depoimento ao autor do livro que o professor, o rigoroso general Júlio Noronha, interceptou a mensagem. Advertiu que não era o momento para aquele assunto, mas incentivou os rapazes a se dedicarem ao esporte. Emanuel acrescentava ainda na obra de Alceu:

– Esse foi o primeiro passo na vida do Glorioso, e Flávio Ramos é, sem dúvida, a figura máxima daquele início.

Na tarde de 12 de agosto, rapazes com média de idade de 14 anos fundaram a associação na Rua Humaitá com Largo dos Leões num chalé cedido pela avó de Flávio, Francisca Teixeira de Oliveira, Dona Chiquitota, considerada por Alceu em seu livro "grande amiga e verdadeiramente mãe do clube nascente".

Flávio Ramos foi eleito o primeiro presidente, e os primeiros talões de cobrança tinham o nome de um clube destinado às caminhadas a pé e que se chamava Electro. Entretanto, no dia 18 de setembro de 1904 – curiosamente no mesmo dia em que era fundado o América – os rapazes de Botafogo se reúnem em nova assembléia mais uma vez no chalé emprestado por Dona Chiquitota. Reza a tradição que a respeitada senhora, ao saber da intenção dos jovens de batizarem o clube como Electro, interveio:

Netos de Dona Chiquitota

— Um clube do bairro de Botafogo só pode se chamar Botafogo.
Aceita a sugestão, a nova associação passou a se chamar Botafogo Football Club, adotando as cores preta e branca. O primeiro escudo tinha as letras B, F e C entrelaçadas. A tradicional estrela solitária só seria adotada em 1942, quando da fusão do clube de futebol com o Clube de Regatas de Botafogo, que havia sido fundado em 1º de julho de 1894 e tinha a estrela como símbolo.

Ainda em 1904, o Botafogo, todo de branco, fez seu primeiro jogo, em 2 de outubro, perdendo para o Football and Athletic, por 3 x 0, na Rua Haddock Lobo, na Tijuca.

Em sua origem, o Botafogo não tinha a estrela solitária.

Autor do livro *O negro no futebol brasileiro*, o jornalista e escritor Mário Filho — que gostava de chamar o Botafogo de clube rapaz, por essa sua origem entre os jovens — escreveu sobre os fundadores alvinegros que, apesar de Flávio Ramos, Emmanuel e Mimi Sodré terem ido a um jogo no campo do Paysandu, para ver o time do Fluminense, eles gostaram do esporte, mas não da equipe de Oscar Cox, que vestia as camisas brancas e cinza:

— Para Flávio Ramos e Emmanuel Sodré, não. O Fluminense era uma coisa, futebol outra. Compreenderam logo o futebol. Não compreenderam o Fluminense. ...Mas nada do Fluminense, nada de ir para o campo da Rua Guanabara (onde o Fluminense treinava e jogava) bater bola. No Largo dos Leões havia um campo. Uma praça, larga, três filas de palmeiras. Servia perfeitamente como campo. As palmeiras não atrapalhavam, pelo contrário. Onde eles iriam encontrar barras de gol melhores do que as palmeiras imperiais do Largo dos Leões? Se o gol ficasse muito largo, arranjava-se um paralelepípedo. O Botafogo nasceu ali, no Largo dos Leões, no campo das palmeiras. De tarde, depois das aulas, antes de escurecer, juntavam-se para um par ou ímpar os rapazes de Botafogo.

Futebol Brasil Memória

O Botafogo goleia o Fluminense e é campeão carioca de 1910.

Um ano depois da criação do novo time, o estudante e futuro arquiteto Morales de los Rios desenhou a camisa listrada em preto-e-branco com calções brancos, que o clube importou da Inglaterra. Em 1906, no primeiro Campeonato Carioca, a campanha não foi brilhante. Mas em 1907, acabaria se envolvendo na polêmica disputa do *status* de campeão com o Fluminense, só definida nos anos 1990, com a divisão do título.

A primeira vez em que o clube rapaz pintou o Rio de preto-e-branco foi em 1910. Na época, as torcidas alvinegra e tricolor dividiam a cidade. O Botafogo trouxe alguns reforços de São Paulo, como Carlos Lefévre, vindo da Associação Atlética das Palmeiras (nada a ver com o Palmeiras atual), e Décio Viccari, do Sport Club Americano. Treinado por Pedro Rocha, o grupo só sofreu uma derrota, logo na estréia, de 4 x 1, para o América. Em 17 de julho, num amistoso contra o São Paulo Athletic Club (que não deve ser confundido com o atual São Paulo), o Botafogo empatou, no Rio, em 4 x 4, com a equipe paulista, que contava em seu elenco com Charles Miller, considerado oficialmente o "pai do futebol brasileiro".

Mas o grande dia para os alvinegros seria o 25 de setembro. Jogando em seu campo, alugado na Rua Voluntários da Pátria, a equipe goleou o Fluminense (que dominava o futebol carioca até então) por 6 x 1, assegurando o título com uma rodada de antecedência.

Os gols foram de Abelardo (3), Décio (2) e Mimi Sodré (1). Pelo tricolor, marcou o alvinegro Lulu, contra. Entusiasmada com a goleada, a multidão começou a gritar: "Glorioso! Glorioso!", apelido que o clube alvinegro tem até hoje. Na última rodada, já campeão, arrasou o Haddock Lobo: 11 x 0. Ao todo, foram 9 vitórias e 1 derrota, 66 gols a favor e 9 contra. Abelardo foi o artilheiro do torneio com 22 gols. O time-base era: Coggin (Baena), Pullen e Dinorah; Ronaldo, Lulu e Lefévre; Emanuel, Abelardo, Décio, Mimi e Lauro.

Netos de Dona Chiquitota

Emanuel, Mimi e Lauro eram irmãos, da família Sodré. Coggin e Pullen também eram ligados ao Paysandu, pelo qual foram campeões de 1912 na Liga Metropolitana de Sports Athleticos (LMSA).

Em 1911, campeão e favorito para o bicampeonato, o Botafogo acabaria deixando a LMSA. Num jogo entre alvinegros e americanos, no dia 25 de junho, no campo da Rua Voluntários da Pátria, ocorreu uma confusão depois de uma falta de Gabriel, do América, em Flávio Ramos, do Botafogo. Abelardo interveio e ao ser xingado por Gabriel deu-lhe um bofetão. O campo foi invadido, e depois de muita confusão a partida terminou em 1 x 1. No fim do jogo, novo tumulto, maior ainda. A LMSA suspendeu Abelardo por um ano, Adhemar Delamare, pai de Abelardo e dirigente alvinegro (que teria incitado o tumulto) por seis meses, e o americano Gabriel por um mês.

Briga entre alvinegros e rubros leva o Botafogo a deixar a Liga.

Revoltados com essa diferença nas punições, os alvinegros pediram desfiliação da LMSA e ficaram isolados, jogando amistosos com times paulistas como a A.A. Palmeiras, o S.C. Americano (nada a ver com o de Campos) e o Sport Club Germânia. Também naquele difícil 1911, o clube preto-e-branco ficaria sem seu campo na Rua Voluntários da Pátria, que era alugado.

Mário Filho escreve em uma crônica publicada em 1947 que a atitude do Botafogo em 1911 era algo típico do que ele considerava mentalidade alvinegra:

– Nenhum outro clube, porém, arriscaria a sua existência por causa de um jogador. O Botafogo não hesitou um só momento. Abelardo Delamare era o Botafogo. Todos os jogadores do Botafogo eram o Botafogo... Isolando-se em 1911, o Botafogo ficou mais Botafogo. Quem era Botafogo compreendeu por que era Botafogo. Ficou sabendo por que não podia ser de nenhum outro clube. Eis o que dá ao Botafogo uma fisionomia própria, única.

Futebol Brasil Memória

O Botafogo festeja inauguração de General Severiano com vitória sobre o Flamengo.

Em 1912, sem sede, sem campo, sem sócios e sem filiação a uma liga, o Botafogo fundou a Associação de Football do Rio de Janeiro. Teve de se sujeitar a jogar em campos muito ruins como o da Rua São Clemente, em Botafogo, perto de uma pedreira, contra Americano, Germânia (do Rio, não o paulista), Paulistano (carioca, não o paulista) e Internacional (também carioca).

Na campanha foram 10 jogos, com 9 vitórias e 1 derrota, 41 gols a favor e 6 contra. O alvinegro formou com Álvaro, Pullen e Dutra; Rolando, Lulu e J. Couto; César, Pino, Villaça, Mimi e Lauro. Pullen, naquele mesmo ano, ajudou o Paysandu a ganhar o título da LMSA, sendo assim duas vezes campeão carioca numa mesma temporada.

Apesar da crise enfrentada em 1912, o alvinegro conseguiria algo que se tornaria de importância histórica. Alguns sócios localizaram na Rua General Severiano, também em Botafogo, um terreno da Saúde Pública em que havia um prédio em ruínas. Sem campo, o clube jogava à época num campo público no bairro de São Cristóvão. Depois de dinamitar o prédio e preparar o gramado, o Botafogo conseguiu inaugurar o campo em 13 de maio de 1913, num 1 x 0 em amistoso contra o Flamengo, com gol de Mimi.

Na época, o Flamengo, liderado pelo ex-tricolor Alberto Borgerth, intercedeu para que o Botafogo voltasse à LMSA em 1913. Também naquele ano os alvinegros trouxeram ao Rio um combinado da Associação de Football de Lisboa, que fez quatro partidas na cidade. Numa delas, os lisboetas venceram a equipe alvinegra por 1 x 0, gol de Pereira.

Em 1925, o clube conseguiu junto ao então presidente da República, Arthur Bernardes, a cessão do terreno onde hoje fica a sede de General Severiano, inaugurada com um grande baile em 15 de dezembro de 1928.

Netos de Dona Chiquitota

Falar com ele era como conversar com um clube em pessoa. O advogado Emmanuel Sodré Viveiros de Castro,* o Maninho, de 85 anos, que trabalhava como advogado trabalhista, tinha o Botafogo no sangue. Afinal, era filho de Eurico Parga Viveiros de Castro (fundador e ex-jogador do time) e sobrinho de Emanuel de Almeida Sodré (também fundador e ex-jogador). Três de seus tios - Lauro, Mimi e Emanuel - foram campeões de 1910. Bicampeão de amadores pelo clube em 1942 e 1943, Maninho foi presidente alvinegro na década de 1980.

- Meu tio Mimi Sodré (almirante Benjamin Sodré) tinha muita fama naquela época. Ele foi campeão de 1910, jogava de meia-esquerda e ponta-esquerda. Há várias referências ao fato de ser muito honesto, caxias. Foi chefe de escoteiros e uma vez, jogando pela Marinha, fez um gol com a mão num jogo contra a Marinha chilena. Porém, ele confessou ao juiz que tinha feito o gol com a mão - contava Maninho.

Na família de Maninho o amor que ele herdou dos pais e dos tios está passando aos netos e aos bisnetos. Para o ex-dirigente, que era um homem atento aos bons e maus momentos alvinegros, o Botafogo está na história por seu pioneirismo no futebol carioca, tendo participado, ao lado do Fluminense, de todas as edições do Estadual, desde 1906.

- A importância do Botafogo é óbvia, por seu pioneirismo, tradição. Houve época em que o Botafogo era uma seleção - orgulhava-se.

Emmanuel Sodré Viveiros de Castro morreu no fim de 2005.

À sombra das palmeiras centenárias

13

O ano de 1912 é um dos mais curiosos e interessantes da primeira fase da história do futebol carioca. Não só porque nele foi disputado o primeiro Fla-Flu, mas também porque nessa temporada se verificou a primeira das três cisões entre os clubes. Aquele também foi o ano de maior brilho para o Paysandu, situado à época na rua do mesmo nome, no bairro do Flamengo, e que chegaria ao título carioca pela primeira e única vez.

Participante do primeiro Campeonato Carioca, em 1906, mas licenciado dos campeonatos de 1909 e 1910, o Paysandu Cricket Club - atualmente Paissandu Atlético Clube, afastado do futebol profissional - chegou ao título com uma derrota, para o América. Clube da colônia inglesa no Rio, o Paysandu formava com Ernest H. Coggin (C. Robinson); Erci B. Pullen e M. Smart; J. McIntyre, T. O. Robinson e Harry Wood; W.H. Monk, Lysle Pullen, H. A. Robinson, Sidney B. Pullen e Lind Gillan. Em 14 jogos, o clube anglo-brasileiro obteve 24 pontos, 11 vitórias, 2 empates e 1 derrota, com 64 gols a favor e 18 contra. O artilheiro da competição, com 17 gols, foi o rubro-negro Borgerth, que um ano antes defendera o Fluminense.

Futebol Brasil Memória

Na campanha, além do goleiro Coggin, um dos mais eficientes daquele tempo, se destacaram Robinson, S. B. Pullen, Smart, McIntyre, Wood e Monk. Também naquele 1912, o Botafogo conquistou o título na Associação de Football do Rio de Janeiro, fundada pelo próprio alvinegro e da qual também fizeram parte: Americano (nada tem a ver com o de Campos), Catete, Germânia, Internacional e Paulistano.

Primeiros indícios de profissionalização afastam o Paysandu e o São Paulo Athletic do futebol.

A cisão acontecera em 1911. O Botafogo havia conquistado o título um ano antes. Em um jogo do campeonato de 1911, houve briga em campo entre Botafogo e América. Porém, como a pena aplicada ao clube alvinegro foi mais pesada que a de seu adversário, o Botafogo se retirou da Liga Metropolitana de Sports Athleticos e fundou a Associação de Football, em que ganhou o campeonato. Na temporada de 1913 as duas ligas se reunificaram.

Depois do título de 1912, o Paysandu se viu enfraquecido por um problema de patrimônio. Os irmãos Guinle (cuja família mantinha estreitas ligações com o Fluminense) requisitaram parte do terreno da Rua Paysandu – onde o clube azul e branco estava localizado, à sombra das palmeiras – para repassar a área ao Flamengo, que iria arrendar o local por 15 anos e construiria ali seu primeiro campo de futebol.

Com seu terreno reduzido, o Paysandu se viu obrigado a abandonar o críquete, para o qual fora fundado. Paralelamente, nos anos de 1914 e 1915, os clubes da colônia inglesa que praticavam o futebol no Rio e em São Paulo – o Paysandu e o São Paulo Athletic Club, por exemplo – começaram a abandonar a modalidade. Além disso, na Primeira Guerra Mundial, muitos jovens descendentes de ingleses deixaram o Rio para ir lutar pela Inglaterra, na Europa.

Em seu belo livro *Paissandu Atlético Clube, pioneiro do esporte no Rio de Janeiro*, Vitor e Patricia Iório têm uma explicação para o fato de o clube ter desistido do futebol, em 1915.

À sombra das palmeiras centenárias

– Parece sintomático que o clube tenha abandonado o futebol quando já se vislumbrava a profissionalização do esporte. A idéia que se cultivava nos primórdios do clube de que a prática de esporte era "um salutar exercício físico" parecia resistir ao tempo e se contrapor ao profissionalismo que se avizinhava como realidade inevitável – escreveram.

Sem poder praticar o críquete e já sem o futebol, o Paysandu quase se fundiu ao Fluminense, em 1916. O presidente tricolor, Arnaldo Guinle, e o do Paysandu, W. G. McConnel, chegaram a trocar correspondências com esse propósito. O Fluminense fez uma proposta formal de fusão, pela qual o Paysandu abriria mão de seu nome e suas cores.

Em dificuldades, o Paysandu quase se fundiu ao Fluminense.

Entretanto, a assembléia geral do Paysandu não aprovou tal proposta e o clube continuou em atividade. Ainda em 1916, mudou seu sobrenome: de Cricket Club para Athletic Club. Em 1943, aportuguesou a denominação para Paissandu Atlético Clube. Depois de ter passado por Copacabana, a associação está sediada no Leblon desde 1963.

O que os desportistas mais jovens talvez não saibam é que o Paissandu foi um dos pioneiros dos esportes terrestres no Rio e no país. Vitor e Patricia Iório narram que a entidade foi fundada, em Botafogo, por membros da colônia inglesa radicada no Rio, em 15 de agosto de 1872, para coincidir com o feriado (na época) de Nossa Senhora da Glória.

O nome inicial era Rio Cricket Club – terceiro clube social mais antigo do país ainda em atividade e o primeiro destinado a esportes terrestres no Rio, como o críquete e o tênis, por exemplo. Em 1880, a associação deixou Botafogo e se mudou para a Rua Paysandu, para um terreno em frente à residência oficial da Princesa Isabel e de seu marido, o Conde D'Eu. O clube construiu um pavilhão especial para que membros da nobre família pudessem assistir ao críquete. A residência oficial da princesa, hoje, é o Palácio Guanabara, sede do governo do Estado do Rio.

Futebol Brasil Memória

Em 1895, já no período republicano, a agremiação adotou a denominação de Clube Brasileiro de Cricket. Muitos de seus freqüentadores, filhos de ingleses ou de famílias abastadas, costumavam ir estudar na Inglaterra, na Suíça e em outras nações européias. Caberia a um deles, Oscar Alfredo Cox, filho de George Emmanuel Cox e de Minervina Dutra Cox, trazer para o Rio e para o Brasileiro de Cricket (hoje Paissandu) - na volta dos estudos na Suíça - bolas de couro e o desejo de difundir o futebol, que conhecera na Europa.

O futebol dos anos 1910 como um todo era o de uma elite branca e anglófila (simpatizante com os valores e as tradições britânicos), que descendia de ingleses ou queria parecer descender. Depois da crise com o Bangu, em 1907, e antes da de 1923/1924, com o Vasco, a elite do futebol carioca se sentiu ameaçada na temporada de 1912. Como o Botafogo estava fora da Liga Metropolitana, disputando o campeonato na Associação de Football, criada por ele, entraram na Liga equipes cujos atletas não tinham um nível social tão elevado quanto os das demais, mas que entravam na Segunda Divisão.

Cocheiros, barbeiros, soldados e comerciários não podiam disputar os campeonatos da Liga Metropolitana.

Atento à manutenção da pureza do amadorismo, o segundo secretário da Liga, Alberto Silvares, enviou uma carta aos filiados exigindo que se cumprisse fielmente a regra da comissão de sindicância, que determinava rígido controle sobre as profissões dos jogadores que iriam disputar o campeonato. Não podiam atuar cocheiros, barbeiros, soldados, comerciários e funcionários de hotel, apenas estudantes, oficiais das Forças Armadas e pessoas com curso superior. Em 1914, era discutida a proposta de criação de uma Terceira Divisão, diante do fato de que os novos clubes que se filiavam eram formados por grupos sociais de origem variada, algo impensável na época. Pelo regulamento, cairia sempre o último colocado. Em 1914, foi a vez do tradicional

À sombra das palmeiras centenárias

Paysandu. Houve quem defendesse a permanência do clube azul e branco na Primeira Divisão com base em sua tradição, mas o clube anglo-brasileiro acabaria abandonando o futebol em 1915.

Ainda em 1915, o Fluminense propôs uma partida de desempate entre o último da Primeira Divisão e o campeão da Segunda. Os dirigentes tricolores e dos clubes elitizados acreditavam que o time da Primeira, mesmo sendo o último dessa divisão, jamais perderia para o da Segunda. Naquele mesmo ano, porém, ficou constatado que essa estratégia não funcionaria. O tradicional Rio Cricket and Athletic Association, também formado pela comunidade inglesa, ficou na última posição do campeonato e teve de decidir sua permanência na Primeira Divisão com o Andarahy, campeão da Segunda.

Formado por atletas de classes sociais mais baixas, o Andarahy venceu e subiu de divisão, ao passo que o Rio Cricket também abandonaria o futebol, na virada de 1915 para 1916. Muitos de seus atletas se transferiram para o Botafogo. Com negros e operários no time, assim como o Bangu, o time do Andarahy representava uma ameaça ao regime amadorista e elitista da Liga.

> Com negros e operários, o Andarahy era uma ameaça ao elitismo da Liga.

Segundo secretário da Liga e diretor da revista Sports, Silvares lutava, em sua publicação, pela defesa dos valores de um futebol elitizado:

– O futebol é um sport que só pode ser praticado por pessoas da mesma educação e cultivo. ...Nós que freqüentamos uma Academia (faculdade) temos uma posição na sociedade, fazemos a barba no salão naval, jantamos na *rôtisserie*, freqüentamos as conferências literárias, vamos ao *five o'clock* (chá das cinco); mas quando nos metemos a praticar sport entramos para o Icaraí, club distinto filiado à Terceira Divisão da Liga Metropolitana, e somos obrigados a jogar com um operário, um limador, com um corrieiro (*sic*), um mecânico, um *chauffeur* (motorista) e outras profissões que absolutamente não estão relacionadas ao meio onde vivemos. Nesse caso, a prática do sport se torna um suplício, um sacrifício, mas nunca uma diversão – escrevia Silvares.

Em seu empenho por manter o futebol elitizado, ele propôs à Liga a distribuição dos clubes em três classes: a primeira para os que tivessem rendas mais altas e comprovassem ao tirar seu sustento de profissões em que houvesse trabalho braçal. A segunda, por times de operários, serventes, condutores de bonde, caixeiros e outras profissões tidas como inferiores. E a terceira, por praças e inferiores de qualquer Força Armada. Bem aceito na elite esportiva e na imprensa, o projeto de Silvares foi contestado, porém, por fãs e por praticantes do futebol de classes sociais mais baixas, que escreviam cartas aos jornais. Essas cartas afirmavam que nesses segmentos mais populares havia homens de caráter tão elevado quanto na elite e que a proposta do dirigente era uma tentativa de institucionalizar o preconceito e a desigualdade. Houve denúncias de que a proposta do dirigente visava apenas levar o Vila Isabel, do qual era presidente, para a Primeira Divisão, numa manobra antiesportiva, já que se Bangu e Andarahy não ficassem na Primeira, e o Carioca, na Segunda, não pudesse subir – Bangu, Andarahy e Carioca tinham origens populares –, o elitizado Vila Isabel teria sua oportunidade de subida.

Apesar de toda a polêmica, a Liga aprovou a Lei do Amadorismo, mais dura do que o projeto de Silvares. Por essas novas regras não seria considerado amador quem executasse trabalho braçal, quem recebesse gorjeta, empregados de armazéns, comerciários, contínuos, praças (militares de baixa patente), serventes e outras profissões, que de acordo com o Conselho Superior fossem consideradas inferiores.

Em um clima de protestos de clubes como o Bangu, o Carioca teve

Regras elitistas da Liga causavam polêmica na imprensa.

25 atletas eliminados, bem na semana de um jogo decisivo com o Vila Isabel, de Silvares, em maio de 1916. O Carioca acabaria escalando o time com os jogadores eliminados, mas perdeu para o Vila Isabel. A nova Lei do Amadorismo foi adiada para 1917, e o então presidente da Liga, Sousa Ribeiro, também presidente do Botafogo, renunciou por não aceitar a força crescente dos clubes de Segunda e Terceira Divisões. Foram necessárias intervenções de autoridades e de políticos para pôr fim à crise. Somente em fevereiro de 1917 entraria em vigor a nova Lei do Amadorismo, depois da demissão de Silvares.

No final da década de 1910, o futebol tivera um amplo crescimento na cidade. Em 1907 eram 77 clubes, ao passo que em 1915 havia 216. Além da Liga Metropolitana, a dos grandes clubes, foram criadas, em 1912, a Liga Sportiva Suburbana; em 1913, a Federação Brasileira e a Liga Sportiva de Football; em 1915, a Liga Meridional de Football, a Associação Brasileira de Sports Atléticos, a Associação Carioca de Football e a Liga Sportiva Fluminense. Em 1916, surgiria a Liga Municipal de Football.

Irmãos Karamazov
14

O dia 7 de julho de 1912 faz parte da história do futebol carioca e nacional. Nessa data, diante de oitocentas pessoas, foi realizado, no estádio do Fluminense, o primeiro Fla-Flu. A partida, a mais aguardada daquele ano, reunia os times do Flamengo e do Fluminense. O tricolor contava então com os reservas do grupo que havia se mudado para o rubro-negro.

O Flamengo era o mais cotado. Afinal, reunia os jogadores que haviam saído do Fluminense, campeão de 1911. Mas, contra todo o favoritismo, o Fluminense venceu por 3 x 2, originando a famosa rivalidade. Os gols foram de Calvert (dois) e Bartolomeu pelo tricolor, e de Arnaldo e Píndaro para o rubro-negro. No returno o Flamengo goleou: 4 x 0.

– Há um parentesco óbvio entre o Fluminense e o Flamengo. E como este se gerou no ressentimento, eu diria que os dois são os Irmãos Karamazov do futebol brasileiro – escreveu Nelson Rodrigues, fazendo referência ao clássico romance da literatura *Os irmãos Karamazov*, de Dostoievski.

Futebol Brasil Memória

Capitão do Fluminense, Borgerth lidera movimento de ida de ex-tricolores para o Flamengo.

A expressão Fla-Flu só surgiria em 1925. Foi criada por Mário Filho (irmão de Nelson Rodrigues) para se referir na época a uma seleção carioca formada apenas por jogadores dos dois times e que iria enfrentar a seleção paulista.

No final do ano de 1911, o Fluminense liderava o campeonato, rumo à reconquista do título de campeão da cidade, perdido em 1910 para o Botafogo. Mas nem tudo ia bem nas Laranjeiras. O centroavante e capitão do time, Alberto Borgerth, teve sério desentendimento com o ground commitee (uma espécie de comissão técnica). Como resultado da crise, no dia seguinte à conquista do tricolor em 1911, ele e um grupo trocaram o Fluminense pelo Flamengo.

– Agora, não somos mais Fluminense. Somos Flamengo – escreveu Borgerth na carta de despedida.

Sem o saber, Borgerth e seus companheiros – Othon de Figueiredo Baena, Píndaro de Carvalho Rodrigues, Emmanuel Augusto Nery, Ernesto Amarante, Armando de Almeida, Orlando Sampaio Matos, Gustavo Adolpho de Carvalho, Lawrence Andrews e Arnaldo Machado Guimarães – lançavam as bases do futebol do clube que se tornaria o mais querido do país.

A ida de Borgerth para o Flamengo não chegou a ser um absurdo. Ao contrário do que ocorre hoje, Flamengo e Fluminense não eram rivais, já que o Flamengo, fundado em 1895, era do remo, e o Fluminense, criado em 1902, se dedicava ao futebol. Eles simplesmente não se defrontavam, e Borgerth era um dos que remavam pelo rubro-negro e jogavam futebol pelo tricolor. Em 1927, ele chegaria à presidência rubro-negra.

Outro exemplo de tal integração era Francis Walter. Goleiro e presidente do Fluminense, de 1903 a 1908 (além de presidir a própria liga de futebol), foi também presidente do Flamengo, entre 1905 e 1906, simultaneamente.

Irmãos Karamazov

Virgílio Leite de Oliveira e Silva, presidente rubro-negro em vários mandatos, havia sido fundador e dirigente tricolor.

– Fluminense e Flamengo eram como irmãos. A vida de um, muitas vezes, se confundiu com a do outro – escreveu Edilberto Coutinho em seu livro *Nação rubro-negra*.

O movimento de saída dos jogadores tricolores começara em setembro de 1911, com o campeonato em andamento. Deixar o tricolor era ponto pacífico. A dúvida era o que fazer. Uma idéia seria reativar o Rio Football Club, fundado em julho de 1902, dias antes do Fluminense, mas que estava desativado. Outra era a de criar, no Rio, o São Paulo Football Club, já que alguns dos jogadores eram paulistas. Foi quando Borgerth deu a sugestão, aceita por aclamação, de que todos fossem para o Flamengo. Em novembro, quando o Fluminense ganhou o campeonato, o grupo não foi à festa de confraternização. Era a rebelião manifesta.

> Remadores do Flamengo exigiam que jogadores de futebol usassem uniformes diferentes.

– Borgerth foi amigo de meu pai, Lourenço Pereira da Cunha. Quando ele e os amigos estavam para sair do Fluminense, encontraram meu avô. Vovô os convidou para irem para o Flamengo. Meu avô fundou o clube no remo e deu chance para que o futebol chegasse lá – narra, ainda com emoção, Fernando Pereira da Cunha, de setenta anos, neto de José Agostinho Pereira da Cunha, fundador do clube e presidente rubro-negro em 1905.

Na nova casa, os ex-tricolores causaram desconfiança.

– Os remadores achavam o futebol meio estranho. O remo é que era esporte para homem. Futebol eles não consideravam algo tão másculo. Mas os rapazes do remo e do futebol eram amigos – conta Pereira da Cunha, vice de patrimônio rubro-negro nos anos 1970.

Os remadores fizeram questão de que o futebol usasse uniformes diferentes dos do remo, que já eram listrados como agora. Ao futebol coube usar uma camisa quadriculada, em vermelho e preto, que ficou conhecida como papagaio de vintém.

Depois de aguardarem algumas semanas, os rubro-negros conseguiram se filiar à Liga Metropolitana de Sports Athleticos (LMSA). Na primeira partida oficial, o novo time, formado pela maioria do elenco campeão de 1911 pelo Fluminense, arrasou o Mangueira por 16 x 2, em maio de 1912, no campo do América.

Uma dificuldade enfrentada pelos novos rubro-negros pode ter sido um dos fatores que explicam a enorme popularidade do clube. Sem campo para treinar, os jogadores trocavam de roupa na garagem dos remadores, no número 22 da Praia do Flamengo, e iam caminhando até a Praia do Russell para treinar. O time treinava em campo aberto, cercado de crianças e de curiosos.

> O fato de o Flamengo treinar em campo aberto pode ajudar a explicar sua popularidade.

Isso, para Pereira da Cunha, talvez ajude a explicar essa popularidade rubro-negra:

– O time não tinha onde treinar. Quem morava em Botafogo e no Flamengo e pegava o bonde para ir trabalhar no Centro passava pelo Russell e via os treinos. Alguns desciam do bonde para assistir de perto. Nos dias de jogos, as pessoas iam torcer para quem? Por quem viam treinar. O Fluminense, por exemplo, treinava fechado no campo dele.

Em 1913, o rubro-negro havia trocado a camisa do papagaio de vintém por uma outra listrada em vermelho e preto, mas com frisos brancos entre as faixas mais largas. Era a camisa conhecida como cobra-coral. Exigência do remo, que não queria vinculação entre os bailarinos da bola e os vigorosos remadores.

Dois anos depois de sua entrada na LMSA, o Flamengo conquistaria seu primeiro título carioca, em 1914. Três atacantes – Riemer, do próprio Flamengo; Welfare, do Fluminense, e Ojeda, do América – dividiram a artilharia, com oito gols cada. O time campeão sofreu 1 derrota para o Botafogo (2 x 1) e terminou com 19 pontos, 8 vitórias e 3 empates, 24 gols a favor e 15 contra. A equipe era Baena, Píndaro e Nery; Curiol, Miguel e Galo; Oswaldo, Baiano, Borgerth, Riemer e Raul.

No ano seguinte, conquistaria o primeiro título invicto, com 19 pontos, 7 vitórias e 5 empates, 35 gols a favor e 11 contra. Os veteranos Sydney Pullen e Lawrence Andrews brilharam ao lado do novato ponteiro Paulinho Buarque. A equipe formava com: Baena, Píndaro e Nery; Curiol, Sydney Pullen e Galo; Baiano, Gumercindo, Borgerth, Riemer e Raul. O artilheiro do campeonato foi o inglês Welfare, do Fluminense, com 16 gols.

Também em 1915 o uniforme rubro-negro foi modificado por causa da Primeira Guerra Mundial, que se entendeu de 1914 até 1918. A camisa era então muito parecida com a bandeira da Alemanha, à qual o Brasil havia declarado guerra. Para evitar qualquer ligação com os alemães, o Flamengo retirou os frisos brancos, e o uniforme passou a ser basicamente como é agora, com as listras em vermelho e preto, cores identificadas extra-oficialmente como sangue e luto.

Vermelho e preto: sangue e luto.

Depois do bicampeonato de 1914 e 1915, o Flamengo levantou os troféus de 1920 e 1921. Em 1920, o goleiro Kuntz e o meia-direita Candiota, ambos gaúchos, foram os destaques da campanha invicta, de 13 vitórias e 5 empates. Além do troféu, o título foi importante por ter evitado o tetracampeonato do Fluminense, que havia ganhado os títulos entre 1917 e 1919. O Flamengo marcou 44 gols e sofreu 19. O artilheiro do campeonato foi Arlindo, do Botafogo, com 17 gols. A formação rubro-negra era Kuntz, Burgos e Telefone; Rodrigo, Sisson e Dino; Carregal, Candiota, Sidney, Junqueira e João de Deus (Pullen). No ano seguinte, os rubro-negros, com a mesma base de 1920, alcançaram o bicampeonato, vencendo o América na decisão, por 2 x 1, gol de Candiota, na prorrogação, no estádio do Fluminense.

Futebol Brasil Memória

O Flamengo obteve 6 vitórias, 5 empates e 2 derrotas, 35 gols a favor e 25 contra. O artilheiro do campeonato foi o rubro-negro Nonô, com 11 gols. A equipe bicampeã era: Kuntz, Burgos e A. Netto (Telefone); Rodrigo, Sydney Pullen e Dino; Galvão, Candiota, Nonô, Junqueira e Orlando Torres.

Engrandecido pelo futebol, o Flamengo nasceu do remo, nas águas da praia de que herdou o nome. A Praia do Flamengo era conhecida assim porque ali teriam habitado alguns holandeses (ou flamengos), depois de serem expulsos de Pernambuco e de outras partes do Nordeste.

> O Flamengo nasce no remo como uma espécie de resposta ao Botafogo.

No final do século XIX, os rapazes da Praia de Botafogo haviam fundado em 1894 o Clube de Regatas Botafogo (que em 1942 se uniu ao Botafogo Football Club e deu origem ao Botafogo de Futebol e Regatas). Com um espírito de rivalidade e de admiração natural em quem assiste ao sucesso de alguém, alguns rapazes da Praia do Flamengo sonhavam em ter um grupo de regatas como o Botafogo ou o Gragoatá, de Niterói. José Agostinho Pereira da Cunha, Mário Spíndola, Nestor de Barros, Felisberto Laport, Maurício Rodrigues Pereira, José Félix da Cunha Menezes e um rapaz conhecido como Baiano costumavam remar numa baleeira chamada Pherusa.

Em setembro de 1895, quando o grupo estava na embarcação, houve uma tempestade, o mastro do barco se partiu, e o grupo ficou três horas à mercê das ondas. No episódio, morreu Baiano. Salvos por outro barco, os futuros fundadores da associação se tornaram mais unidos a partir daquele drama. No dia 17 de novembro de 1895, um domingo, eles se reuniam no número 22 da Praia do Flamengo para fundar o Grupo (evitando a palavra inglesa club) de Regatas do Flamengo. Por sugestão do fundador Nestor de Barros, o aniversário seria sempre celebrado em 15 de novembro para coincidir com o feriado da Proclamação da República.

Irmãos Karamazov

As cores da nova associação de regatas eram ouro e azul, que em 1896 foram trocadas pelas atuais, já que os uniformes originais eram caros e desbotavam. Também em 1896, o clube adotou a tradição de batizar os barcos com nomes indígenas e brasileiros. Em 1900, o Flamengo ganharia a Regata do IV Centenário do Descobrimento, um de seus primeiros títulos no remo. Em 1902, deixa de ser grupo e passa a se chamar clube.

– Meu avô foi o idealizador do clube. É considerado o principal fundador, porque foi o único a acompanhar o Flamengo até sua morte, em 1945. Hoje, por isso, é o seu patrono. Ele me contava muitas histórias. As primeiras camisas foram azul e ouro porque foram as únicas que meu avô e os amigos encontraram em boa quantidade nas lojas. Meu avô era autodidata e lia muito sobre esporte. Toda a vida ele foi a favor do amadorismo, porque acreditava que para defender um clube o atleta tinha de amá-lo – relata Pereira da Cunha, neto do fundador.

Embora o futebol tenha começado oficialmente em 1912, no episódio liderado por Borgerth, há registros de que, em 1903, uma equipe do Flamengo jogou contra o Botafogo de Regatas num amistoso, vencido pelo Botafogo por 5 x 1, no campo do Paysandu. É possível que esse time do Flamengo tenha feito amistosos, sem jamais ter participado de uma liga oficial até a dissidência tricolor.

Para Pereira da Cunha, a grandeza da torcida do clube é a maior prova de sua força.

– O Flamengo não tem importância só para o futebol do Rio, mas para o do Brasil. Em qualquer lugar do país que se vá, quando alguém diz ser Flamengo, todos querem saber como está o time. O Flamengo, por ser aberto e democrata, faz com que as pessoas se identifiquem mais com ele. E o clube tanto desperta grande paixão na maioria quanto inveja nos outros – finaliza.

O futebol não pega
15

Atualmente o futebol é tema de discussão em qualquer bar, esquina ou transporte coletivo. Quaisquer que sejam os times dos interlocutores, esse esporte se tornou no Brasil um assunto nacional. No começo do século passado, quando se iniciavam no país as disputas de campeonatos estaduais, a modalidade alimentava debates acalorados entre intelectuais e escritores.

Curiosamente, dois dos astros da literatura brasileira no período, Graciliano Ramos e Lima Barreto, se posicionavam contra essa modalidade, ainda que por motivos diversos. Autor de *São Bernardo*, *Vidas secas* e *Memórias do cárcere*, Graciliano, que havia sido prefeito de Palmeira dos Índios, em Alagoas, seu estado, atacava o futebol com a garra de um centroavante disposto a enfrentar qualquer defesa.

Em artigo para o semanário O Índio, de 1921, sob o pseudônimo de J. Calisto, afirmou, em tom profético, que o futebol jamais se tornaria um sucesso no país. O motivo? Em seu entender, o fato de o povo brasileiro, especialmente o do Nordeste, ser baixo e fisicamente frágil.

Futebol Brasil Memória

— Pensa-se em introduzir o futebol nesta terra. É uma lembrança que, certamente, será bem recebida pelo público, que, de ordinário, adora as novidades. Vai ser, por algum tempo, a mania, a maluqueira, a idéia fixa de muita gente... Temos esportes em quantidade. Para que metermos o bedelho em coisas estrangeiras? O futebol não pega, tenham a certeza. Não vale o argumento de que ele tem ganhado terreno nas capitais de importância... Estrangeirices não entram facilmente na terra do espinho. O futebol, o boxe, o turfe, nada pega — previa ele.

Para Graciliano, o futebol era fogo de palha, algo que iria causar certo entusiasmo de início para depois se apagar, ficar totalmente esquecido.

Para Graciliano Ramos, o futebol não passava de um "fogo de palha".

— Somos, em geral, franzinos, mirrados, fraquinhos, de uma pobreza de músculos lastimável. ...Fisicamente falando, somos uma verdadeira miséria. Moles, bambos, murchos, tristes — uma lástima! Pálpebras caídas, beiços caídos, braços caídos, um caimento generalizado que faz de nós um ser desengonçado, bisonho, indolente, com ar de quem repete, desenxabido e encolhido, a frase pulha que se tornou popular: "Me deixa."

Mais ou menos na mesma época, no começo dos anos 1920, no Rio, Lima Barreto, um romancista e cronista eminentemente popular e que gostava de retratar a vida da cidade — especialmente do subúrbio, onde morava —, levantava-se como um inimigo declarado do futebol. Mulato, funcionário público, com problemas de saúde e alcoolismo, Lima Barreto não era tão admirado pela intelectualidade de seu tempo. Era um tanto estrangeiro no meio de seus colegas intelectuais. Provavelmente, pela simpatia que demonstrava em seus trabalhos por personagens pobres, negros, mulheres humildes, pessoas do subúrbio, alcoólatras e doentes mentais. Um de seus livros mais famosos se chama *Vida e morte de M. J. Gonzaga de Sá*.

O futebol não pega

Assim como ao futebol, Lima Barreto se opunha à reforma urbana que era implantada no Rio. Não por temer as novidades, mas por considerar que tanto o futebol quanto a reforma urbana dariam origem na realidade à formação de guetos de elite, fechados à entrada de negros e de pessoas de classes sociais mais baixas.

Foi provavelmente por isso que um escritor de origem tão popular acabou lutando contra o esporte que se tornaria o mais apreciado pelo povo do Rio e do Brasil. Em um de seus textos, em 1919, ele chegou a fundar a Liga contra o Futebol, numa tentativa de ridicularizar as associações esportivas da época. De acordo com o escritor, entre os fundadores de tal liga estariam médicos, jornalistas e outros escritores.

Em 1919, Lima Barreto funda uma liga contra o futebol.

Um dos episódios que mais revoltaram Lima Barreto se deu em 1921, quando os jornais anunciaram a proibição de que jogadores negros (poucos àquela época) fossem convocados para a seleção brasileira que iria se apresentar na Argentina.

– Quando não havia football, a gente de cor (negros) podia representar o Brasil em qualquer parte... É o fardo do homem branco: surrar os negros a fim de trabalharem para ele. O football não é assim: não surra, mas humilha; não explora, mas injuria e come as dízimas que os negros pagam [numa referência ao fato de torcedores da raça negra pagarem ingressos para ver as partidas em que poucos jogadores de sua etnia atuavam].

Na luta contra o racismo, menos de quarenta anos depois da Abolição da Escravatura (que se dera em 1888), Lima Barreto considerava os dirigentes e os jogadores de futebol como legítimos sucessores dos fazendeiros donos de escravos dos séculos anteriores. Ele via no "bolapé" (expressão com que pretendia ridicularizar a modalidade) uma grande barreira a separar pessoas, raças, classes e estados da federação.

Do outro lado dessa batalha intelectual, entre os que defendiam o futebol, estavam o escritor Coelho Neto e o também escritor e médico Afrânio Peixoto. Coelho Neto descobriria sua paixão pelo futebol um tanto por acaso ao se mudar, em 1904, para uma casa próxima à antiga sede do Fluminense. Seus filhos, Emmanoel, Georges, Paulo e João (o Preguinho, que seria artilheiro da seleção brasileira na Copa do Mundo de 1930), acabariam se tornando jogadores do clube, em times de diferentes categorias.

Com forte ligação familiar com o Fluminense, Coelho Neto se tornaria assíduo freqüentador de tribunas para assistir às partidas do clube. Em 1915, escreveu um hino para a equipe, no qual expunha bem a mentalidade que cercava na época a prática do futebol:

> O futebol, praticado pela elite, era visto como um sinal de modernidade trazido da Europa.

– "Ninguém no clube se pertence/A glória aqui não é pessoal:/Quem vence em campo é o Fluminense/Que é como a Pátria, um ser ideal./ Assim nas lutas se congraça/Em torno de um ideal viril/A gente moça, a nova raça/Do nosso Brasil."

Compor a nova raça do Brasil era o que se esperava dos footballers (jogadores de futebol) e sportmen (desportistas) daquele tempo. O futebol praticado pela elite, como um sinal de modernidade trazido da Europa, era um caminho rumo à formação de um novo Brasil, mais ou menos como se tentara fazer do Rio uma cidade à européia na reforma urbana do começo do século XX. Um novo esporte, uma nova raça, um novo Brasil.

Para o escritor e médico Afrânio Peixoto, o futebol serviria como um grande agente de saúde junto à população. Ele admirava nesse esporte a necessidade de se trabalhar em conjunto. Segundo ele, um jogador individualmente não existe, e sim apenas como fração de um time. E era a colaboração – tão clara num esporte coletivo – que levaria ao êxito final em qualquer coisa, tanto no esporte quanto na vida.

O futebol não pega

– Esse jogo de football, esses desportos que dão saúde e força, ensinam a disciplina e a ordem, que fazem a cooperação e a solidariedade, me enternecem, porque são grandes escolas onde se está refazendo o caráter do Brasil – escrevia Peixoto em 1918.

Mesmo contrário ao esporte da bola com os pés, Lima Barreto admitiria, em 1922, que o futebol havia provocado paixão na cidade e no país, possivelmente pela conquista, três anos antes, no Fluminense, do título sul-americano pelo Brasil.

– Toda a gente hoje, nesta boa terra carioca, se não fica com os pés ferrados, ao menos com a cabeça cheia de chumbo, joga o tal sport ou esporte bretão, como eles lá dizem. Não há rico nem pobre, nem velho nem moço, nem branco nem preto, nem moleque nem almofadinha que não pertença, virtualmente pelo menos, a um club destinado a aperfeiçoar os homens na arte de servir-se dos pés.

Lima Barreto morreria naquele mesmo 1922, sem poder ver a popularização desse esporte que viria ocorrer principalmente na segunda metade da década de 1920. Embora inimigo da prática do "bolapé" – como o chamava –, era um observador suficientemente atento para perceber que o futebol acabaria mesmo se tornando um sucesso. Ao contrário do que previra Graciliano, o futebol pegou.

Coqueluche da cidade

16

"Antes do campeonato, o football aqui já era uma doença: agora é uma grande epidemia, a coqueluche da cidade, de que ninguém escapa."
O texto do jornal A Rua, de 7 de maio de 1919, dá clara noção da importância que o Sul-americano de 1919 teve para a afirmação do futebol no Rio, naquele mês de maio, no estádio do Fluminense, inaugurado especialmente para a competição.

Na abertura do torneio, segundo o jornal A Razão, estiveram no estádio quarenta mil torcedores para assistir à partida inaugural entre Brasil e Chile:

– Esse match que foi disputado entre os quadros chilenos e brasileiros despertou, como aliás era natural, o máximo entusiasmo e interesse levando mesmo a assistência a intermitentes explosões de júbilo e de contentamento. ...O jogo transcorreu admiravelmente, vindo a terminar pela vitória do quadro brasileiro pelo score de 6 x 0 – conforme narra o jornal, usando palavras como match (partida) e score (placar, resultado), típicas do período.

Futebol Brasil Memória

Para chegar ao título, o Brasil precisou enfrentar por duas vezes a equipe uruguaia. Na primeira, no dia 26 de maio, houve empate de 2 x 2, com o paulista Neco marcando duas vezes para a seleção brasileira e Gradín e Scarone para a equipe Celeste (assim conhecida pelo azul-claro de suas camisas). Na última partida, no dia 29 de maio, o também paulista Friedenreich fez o gol da vitória por 1 x 0 no segundo tempo da prorrogação.

Gol de Friedenreich dá título sul-americano ao Brasil.

– O terceiro Campeonato Sul-americano de Football decidiu-se ontem pela vitória dos jogadores brasileiros. Esse acontecimento teve uma repercussão que se pôde considerar bem continental, apesar das grandes coisas que neste momento ocupam a atenção dos povos, como o problema da paz, a ser resolvido pela resposta da delegação alemã à proposta dos Aliados e a travessia aérea do Atlântico. Aqui, a impressão causada pela vitória dos nossos jogadores foi de um entusiasmo delirante. Desde muito cedo a população sentiu a sua atenção presa à grande peleja, que se ia travar no campo do Fluminense, crescendo à medida que se aproximava a hora do desempate sensacional. Havia também, para despertar a curiosidade pública, um eclipse do sol. Pouco se preocupou a cidade com isso. Um eclipse é uma coisa tão banal. ...A Avenida Rio Branco, em um certo trecho, ficou literalmente cheia, com o trânsito perturbado. A febre com que se acompanhava o match era crescente. O jogo, indeciso no primeiro tempo, empolgava cada vez mais toda a gente. Afinal, quando o entusiasmo público já tinha chegado ao seu período agudo, chegou a grande nova: os brasileiros venceram por um contra zero. Foi um estrugir formidável de palmas e de bravos, que eletrizou toda a cidade. Acabou-se. Agora não perdemos mais a dianteira! Perdemos os campeonatos anteriores! Agora seguramos o cinturão de ouro e não o largamos mais. E, com essa convicção, toda a gente voltou para

Coqueluche da cidade

casa, depois de um grande dispêndio de energia nervosa – escrevia A Razão, em 30 de maio de 1919.

A seleção brasileira da época, ainda usando uniformes brancos (os amarelos e azuis só surgiram nos anos 1950), formou com: Marcos Carneiro de Mendonça, Píndaro e Bianco; Sérgio, Amilcar e Fortes; Millon, Neco, Friedenreich, Heitor e Arnaldo.

O jornal Imparcial, também de 30 de maio, soube antever, de alguma forma, as conseqüências que o primeiro título sul-americano do Brasil poderia ter no espírito dos torcedores:

– ...Pela primeira vez tivemos em nosso continente um embate travado com um ardor inacreditável por parte dos combatentes e que findou do modo mais honroso e nobre para nós brasileiros. ...Os brasileiros depois de uma peleja renhidíssima, como até então não se realizara, abateram ontem pelo score de 1 x 0 o formidável scratch uruguaio, que na opinião unânime dos entendidos representava o expoente máximo do football oriental (uruguaio). Com esse resultado foram os brasileiros aclamados campeões da América do Sul. ...A população, portanto, se apaixonou ainda mais pelo futebol depois da primeira conquista da seleção brasileira.

Como bem percebeu a equipe do Imparcial, o futebol começava a cair no gosto popular. Foi uma febre, uma paixão. O esporte que servia de entretenimento em clubes fechados, da colônia inglesa ou de famílias aristocráticas, começava a ganhar as ruas. Não que a popularização tivesse chegado. Mas pelo menos começava a interessar a muito mais gente do que quando haviam sido dados os primeiros chutes.

O futebol de 1919 ainda era elitizado. Vale lembrar que na época prevalecia ainda a discriminação racial no futebol nacional. A simples idéia de que um negro, como o banguense Luis Antônio, pudesse fazer parte do scratch (seleção) era motivo de piada entre jornalistas e desportistas.

Vestida com uniforme branco, a seleção brasileira ganhava o Sul-americano e caía no gosto popular.

Futebol Brasil Memória

Prova disso é que quando os uruguaios, então favoritos ao título, chegaram à cidade para o Sul-americano, causaram involuntariamente uma polêmica, ao trazerem o renomado atacante Gradín, um jogador negro. Durante o campeonato, esse assunto foi comentado em artigos e mostrado em charges de jornais cariocas. Na crônica esportiva, ele era chamado de o "terrível preto do Peñarol".

Gradín, o "terrível preto do Peñarol".

Curiosamente, o primeiro herói do futebol nacional seria um mulato, o paulista Arthur Friedenreich, filho de pai branco e alemão (o comerciante Oscar Friedenreich) e mãe mulata e lavadeira. Para jogar e ter uma aparência mais branca, o mulato de olhos verdes passava um bom tempo alisando o cabelo no vestiário antes das partidas. Apesar de mulato (mulatos e negros não eram bem-vistos nos clubes de elite), atuava em grandes equipes como Germania, Mackenzie, Paulistano, Germania outra vez, e bem depois, São Paulo e Flamengo.

É dele, de El Tigre, o recorde mundial de gols, com 1.329, marca reconhecida pela Fifa, acima dos 1.284 de Pelé. Elegante, *bon-vivant* típico de São Paulo, Friedenreich gostava de um conhaque, fumava cigarros caros e freqüentava cabarés. Em campo, porém, não sentia ou parecia não sentir cansaço. Inteligente e habilidoso, era o terror das defesas adversárias. Foi o primeiro dos grandes astros do futebol brasileiro.

Autor do livro *Enciclopédia da seleção – as seleções brasileiras de futebol, 1914-2002*, o desenhista e escritor Ivan Soter não tem dúvidas em ver na conquista de 1919 um dos primeiros momentos de brilho da seleção nacional:

– O título do Sul-americano de 1919 pôs o futebol brasileiro na adolescência. Era algo novo surgindo aqui, e provamos que poderíamos ganhar dos uruguaios, que eram os grandes craques da época. O Sul-americano fez o futebol se tornar popular no Brasil.

Coqueluche da cidade

Em 1921, quando a seleção se preparava para disputar outro Sul-americano, novamente no Fluminense, no Rio, em 1922, comemorativo ao Centenário da Independência, correu na imprensa forte rumor de que o presidente da República, Epitácio Pessoa – que auxiliara financeiramente a Confederação Brasileira de Desportos (CBD), administrando o futebol e outros esportes –, havia feito uma exigência: a de que não houvesse atletas negros na seleção de 1922.

O governo e a CBD desmentiram os boatos oficialmente, mas na prática o que os torcedores cariocas e brasileiros puderam ver em campo foi uma seleção branca, que não contou com Friedenreich. Na final de 1922, o Brasil se impôs ao Paraguai: 3 x 0, gols de Formiga (dois) e Neco. A seleção era composta por: Kuntz, Palamone e Bartó; Laís, Amilcar e Fortes; Formiga, Neco, Heitor Domingues, Tatú e Rodrigues.

O Tricolor é tricampeão do Rio em 1919.

O Sul-americano que acabaria sendo realizado em 1919 poderia ter ocorrido dois anos antes, em 1917, não fosse a gripe espanhola. É o que recorda Milton Mandelblatt, presidente do Conselho Deliberativo e um estudioso da história do Fluminense. Ele diz ainda que o tricolor conseguiu edificar seu estádio em cerca de um ano, a partir de 1918, a tempo do Sul-americano, em maio de 1919.

– O estádio do Fluminense era o único do Brasil digno desse nome. Em outros lugares, havia campos. Para o Sul-americano e outras competições do Centenário de 1922 foi feita a pista de atletismo ao redor do campo e o estádio foi ampliado. Até 1927, quando foi inaugurado o estádio de São Januário (do Vasco), o do Fluminense era o maior do país – relata.

Além de ter inaugurado seu estádio e de ter sido sede do Sul-americano, o Fluminense teve outros motivos de festa em 1919. Naquela temporada, conquistou o tricampeonato carioca, no antigo estádio rubro-negro na Rua Paissandu, diante do presidente da

Futebol Brasil Memória

República, Epitácio Pessoa, na tribuna de honra. O Fluminense precisava do empate, e ao Flamengo só a vitória interessava. A grande chance do rubro-negro foi um pênalti a seu favor. Ademar Japonês cobrou. Mas o ex-jogador do América e goleiro da seleção brasileira de 1919, Marcos Carneiro de Mendonça – que se tornaria presidente do clube entre 1941 e 1943 –, fez a defesa. Na seqüência da partida, o Fluminense venceu por 1 x 0, gol do ponta-esquerda Bacchi. A equipe-base, treinada pelo uruguaio Ramon Platero, era formada por Marcos, Vidal e Chico Netto; Laís, Oswaldo e Fortes; Mano, Zezé, Welfare, Machado e Bacchi.

O jogo ficou marcado não só pela presença do presidente Epitácio Pessoa, que entregou uma medalha de ouro a cada campeão, mas também pelos 21 tiros de canhão disparados do Morro Mundo Novo. O Fluminense assegurou a conquista definitiva da Taça Colombo, que seria dada ao tricampeão da cidade, e teve em Oswaldo um de seus primeiros astros, por ter sido campeão de 1906, 1908, 1909, 1911 e entre 1917 e 1919. Na campanha de 1919 foram 17 vitórias, 1 derrota, 68 gols a favor e 20 contra. O artilheiro da competição foi Braz, do São Cristóvão, com 24 gols.

A campanha do tricampeonato começou a ser construída pelos tricolores em 1917. Naquele mesmo ano, a antiga Liga Municipal de Sports Athleticos, a LMSA, foi substituída por uma nova entidade, a Liga Metropolitana de Desportos Terrestres, a LMDT, que baixou a Lei do Amadorismo – série de normas restritivas para evitar o profissionalismo e a participação nas equipes de atletas de condição social considerada inferior. Entre outras coisas, se exigia que o jogador fosse amador, sócio do clube, tivesse profissão honesta e soubesse ler e escrever.

Tiros de canhão para saudar os campeões.

Coqueluche da cidade

Sem ganhar o título desde a dissidência do grupo de Borgerth, que foi para o Flamengo, o tricolor recuperou o domínio do futebol carioca em 1917. Treinado pelo inglês J. A. Quincey Taylor, trazido para a cidade pelo clube, o Fluminense foi campeão com Marcos, Vidal e Chico Netto; Laís, Oswaldo e Fortes; Celso, Zezé, Welfare, Machado e Moraes. Foram 14 vitórias, 2 derrotas e 2 empates, 58 gols a favor e 21 contra. O artilheiro do campeonato foi Luiz Menezes, do Botafogo, com 21 gols.

No ano seguinte, o tricolor assegurou o bicampeonato com Marcos, Vidal e Chico Netto; Laís, Oswaldo e Fortes; Celso, Zezé, Welfare, Machado e Moraes. A campanha incluiu 13 vitórias, 2 derrotas e 3 empates, com 52 gols a favor e 17 contra. O treinador, novamente, foi o inglês Quincey Taylor. O goleador do ano foi também o alvinegro Luiz Menezes, com 21 gols.

Tricolor, de faixa roxa e pó-de-arroz.

Naquela época, do futebol de cavalheiros, Marcos Carneiro de Mendonça era um símbolo. Considerado elegante fora e dentro de campo quando atuava com uma faixa roxa na cintura, o goleiro e várias pessoas de sua família haviam trocado o América pelo Fluminense em 1914.

No primeiro jogo daquele ano entre Fluminense e América, os torcedores americanos caíram na pele de Carlos Alberto, ex-jogador rubro que costumava passar pó-de-arroz no rosto para disfarçar sua pele mulata. Os gritos de pó-de-arroz que vinham da torcida americana passaram por extensão a toda equipe tricolor, e o apelido pegou até hoje.

Marcos Carneiro de Mendonça foi o primeiro grande goleiro do futebol brasileiro, tendo defendido a seleção entre 1914 e 1922 e encerrado a carreira em 1928. Curiosamente, ele escolhera a posição ainda na infância, quando sofrera uma série de problemas de saúde em decorrência de sarampo, febre amarela e doenças intestinais e pulmonares. Teoricamente mais fraco para correr atrás da bola, se especializou em fechar o gol, com colocação perfeita e agilidade.

Em sua carreira, participou da primeira partida da seleção, no antigo campo do Fluminense, na Rua Guanabara, no dia 21 de julho de 1914, contra o time inglês do Exeter City. O Brasil venceu por 2 x 0, gols de Oswaldo e Osman Medeiros. O Brasil jogou com: Marcos Carneiro de Mendonça, Píndaro e Nery; Lagreca, Rubens e Rolando; Oswaldo, Abelardo, Friedenreich, Osman e Formiga. O time do Exeter era formado por: Goodwin, Lovett e Hunter; Whittaker, Holt e Harding; Lagan, Rigby, Strettle, Fort e Loram.

De acordo com o depoimento de Lagreca à Gazeta Esportiva, em 1943, alguns atletas ingleses teriam tido uma atitude antiesportiva durante o jogo:

- Quando os ingleses estavam em inferioridade de pontos, e ante nossa bravura, quatro deles – o centromédio, um dos zagueiros e dois avantes –, em momento de mais entusiasmo da assistência, deixaram o campo! Imediatamente chamamos a atenção de Rubens (da seleção brasileira) e de Robinson – este, juiz da prova – para o que se passava. Robinson parou o jogo, e nós, paulistas, fomos em busca dos desertores: "Vocês voltam para seus postos ou o jogo será suspenso", dissemos-lhes. Em vista dessa nossa decisão que podia prejudicá-los no "ajuste de contas", retornaram ao campo...

O ajuste de contas a que Lagreca se referia tem relação com o fato de os ingleses do Exeter já serem profissionais, e não amadores, como os brasileiros. Anos mais tarde, nas décadas de 1920 e 1930, tal episódio seria recordado por dirigentes que eram a favor do amadorismo e que consideravam que a profissionalização do futebol representava uma espécie de aviltamento ou de prostituição do esporte e do desportista. Mas em meados dos anos 1910, o amadorismo à brasileira já não era tão puro. Além do dinheiro da bilheteria, os atletas também recebiam, de forma disfarçada, prêmios em dinheiro, ou eram admitidos em empresas de dirigentes de clubes.

Nos anos 1910, jogadores amadores recebiam gratificações.

Coqueluche da cidade

Vale observar o detalhe de que no começo a seleção brasileira não utilizava uniformes em amarelo e azul, como agora, mas jogava toda de branco, com detalhes em azul nas golas e nas mangas. Na realidade, o atual uniforme, apelidado de canarinho por causa da camisa amarela, só seria usado pela primeira vez na Copa de 1954, na Suíça.

A repercussão da vitória foi grande. Como se a seleção brasileira tivesse ganhado da equipe nacional inglesa. O público no estádio das Laranjeiras vibrou intensamente, e jornais como O Estado de S. Paulo e o extinto Gazeta de Notícias deram grande destaque ao resultado, com narrativa de lances e comentários.

Ainda em 1914, de acordo com Soter, autor já citado de um livro sobre a história das seleções brasileiras, o Brasil faria suas primeiras partidas internacionais contra uma outra seleção na disputa da Copa Roca, com a Argentina, em Buenos Aires. O general Roca, ministro argentino, propôs a criação de um troféu com seu nome para promover o bom relacionamento entre os povos brasileiro e argentino.

– Os brasileiros viajaram para Buenos Aires de navio. Chegaram no dia do jogo, e a Argentina propôs que a partida daquele dia fosse amistosa. Os argentinos ganharam de 3 x 0 (20 de setembro de 1914). No jogo que valia a Copa Roca (27 de setembro), o Brasil ganhou de 1 x 0, com um gol de Rubens Salles, que atuava no Paulistano – relata Ivan Soter, pesquisador da história da seleção.

Heróis da Independência
17

"**C**ampeão de 13, 16 e 22", canta Lamartine Babo no hino composto para o seu América, nos anos 1940, sem deixar de dizer que o clube rubro tem muitas glórias e que virão outras depois. Entre suas várias conquistas, porém, talvez nenhuma seja tão apreciada quanto a do Campeonato Carioca de 1922, o ano do centenário da Independência do Brasil.

– Ah, aquele título de 1922 marcou muito na época. Para mim, o campeonato de 1922 foi uma grande emoção – comenta o aposentado Orlando Cunha, carioca de 93 anos, que tem o sangue ainda mais rubro por causa do seu amor pelo time de Campos Salles.

Este é, por sinal, o título de um de seus dois livros em homenagem ao América: *Campos Salles, 118 – a história do América*, em que ele e Fernando Valle narram a trajetória americana desde sua criação.

Em outra obra, intitulada *Cronologia de uma odisséia – 1904/2000*, Cunha conta, de forma resumida, os fatos principais dessa mesma história. O amor pelo América foi paixão de infância. Quando da conquista do título do Centenário, em 1922, ele, com 11 anos, ficou contente, mas não pôde comemorar muito, pois estudava em colégio interno.

– Sempre gostei do América e cheguei a jogar lá, como amador. Mas eu era goleiro e às vezes levava uns frangos (gols em bolas fáceis de serem defendidas). Aí, desisti... – conta, rindo, ele que antes de ir para o América jogou no Sírio e Libanês, no final dos anos 1920, com Leônidas da Silva.

> O América era o favorito da colônia portuguesa.

Bastante ativo, Cunha ainda continua interessado nas coisas do América, a ponto de recortar reportagens de jornais que são enviadas ao departamento histórico do clube.

Ele ressalta a importância histórica de seu clube para o futebol no Rio:

– O América era o segundo time de todo mundo no Rio. Algo interessante é que a colônia portuguesa, na época, torcia pelo América. Quando o Vasco chegou à Primeira Divisão (1923), a colônia passou a apoiá-lo. Era também o segundo time mais elegante da cidade, depois do Fluminense. As festas do América eram luxuosíssimas. Nos bailes pré-carnavalescos, na quinta-feira antes do Carnaval, os trajes eram *smoking* e vestido de baile.

Cunha lembra ter recebido de um dos fundadores do clube, Henrique Mohrstedt, pastas com recortes de jornal com os quais começou a organizar os volumes de história do clube que estão no salão de troféus. Sobre as figuras históricas do América, ele destaca em especial Belfort Duarte.

– O América deve quase tudo a Belfort Duarte, que incentivou o clube pelos conhecimentos que tinha, desde os tempos do Mackenzie, de São Paulo, e pela qualidade do futebol dele. Ele sabia se impor, e o que determinava era feito. O sonho dele era um clube América em cada estado do país. Ele conseguiu em vários. Quase todos são vermelhos, menos o América mineiro, que é preto e verde – observa Cunha.

Heróis da Independência

Basta que se visite o organizado salão de troféus rubro para perceber o destaque dado àquela campanha vitoriosa. Além da taça, estão expostas fotos dos campeões, ali representados como heróis da Independência do Brasil, cujo centenário era então celebrado.

De acordo com o livro de Cunha e de Valle, aquele campeonato foi encarado pelos clubes como uma competição singular, excepcional:

– Todos se prepararam como nunca e empenharam toda a sua pujança na luta vigorosa pelo ambicionado galardão – escrevem eles, cantando a glória do título.

Na campanha de 12 partidas, foram 9 vitórias e 3 derrotas, 19 gols a favor e 8 contra. Os rubros terminaram com 18 pontos ganhos, 1 a mais que o vice-campeão, o Flamengo, para o qual eles haviam perdido o título de 1921. O artilheiro do campeonato foi o inglês Harry Welfare, do Fluminense, com 8 gols. O América assegurou o título com uma rodada de antecipação em 16 de julho, em casa, no estádio da Rua Campos Salles, na Tijuca, ao vencer um velho rival de jogos decisivos na época, o São Cristóvão.

Um inglês é artilheiro do futebol do Rio, em 1922.

– Bastava o êxito contra o São Cristóvão para assegurarmos o título. E ninguém esquecia que fora sobre esse mesmo adversário que obtivéramos nas tardes de 30 de novembro de 1913 e 12 de novembro de 1916, respectivamente, as vitórias que nos valeram os campeonatos das temporadas correspondentes. A tradição foi respeitada. Tornamos a ser campeões derrotando os alvos (como eram conhecidos os jogadores do São Cristóvão por causa dos uniformes brancos): 3 x 1 foi o escore, com gols de Chiquinho (dois, sendo um de pênalti) e Gilberto – relatam os autores.

Na última partida do campeonato o América foi derrotado pelo Botafogo por 2 x 0. O time campeão do centenário foi: Barata, Miranda e Gonçalo; Perez, Oswaldinho e Ribas; Chiquinho, Matoso, Brilhante,

Futebol Brasil Memória

Gilberto e Justo. O apoiador Oswaldinho começou a aparecer como destaque da equipe, que tinha em Chiquinho seu goleador.

Também naquele importante ano de 1922, o clube rubro conseguiu a posse definitiva do terreno da Rua Campos Salles, onde tem sua sede até hoje. A morte do Dr. Satamini, no final de 1921, fez com que essa propriedade fosse a leilão. Com apoio financeiro de um benfeitor, que fez um empréstimo ao clube, o América conseguiu adquirir em leilão o terreno que já utilizava. Com a posse definitiva da área, em outubro de 1922, os rubros puderam fazer as reformas que desejavam.

Antes daquele glorioso 1922, o América conquistara também os campeonatos cariocas de 1913 e 1916. Em 1913, o time conseguiu obter seu primeiro título de campeão da cidade, com Marcos Carneiro de Mendonça, Luís e Belfort Duarte; Mendes, Lincoln e Berthelot; Witte, Gabriel de Carvalho, Ojeda, Juquinha e Aleluia.

O América já foi rubro-negro.

Um dos destaques dessa campanha foi a presença, em campo, do lendário zagueiro Belfort Duarte. Coube a ele, por exemplo, a escolha do vermelho para o América, que até 1908 usava camisas rubro-negras. Foi o único título carioca de Belfort pelo América. Dessa equipe também fizeram parte o atacante chileno Ojeda e o goleiro Marcos Carneiro de Mendonça, que, anos mais tarde, marcaria época no Fluminense e chegaria à seleção brasileira, campeã sul-americana.

A conquista rubra foi assegurada com um gol de Gabriel de Carvalho, no 1 x 0 sobre o São Cristóvão. Ao todo, a equipe americana obteve 12 vitórias e 3 derrotas, com 40 gols a favor e 12 contra. O goleador do campeonato foi Mimi Sodré, do Botafogo, com 13 gols.

Três anos depois, o futebol americano tornaria a subir ao topo do pódio, no campeonato carioca. No elenco de 1916, formavam Ferreira, De Paiva e Paulino; Adhemar, Paula Ramos e Badu; Witte, Gabriel, Ojeda, Álvaro e Haroldo. Eles chegaram ao título com 9 vitórias e

Heróis da Independência

3 derrotas, 19 gols a favor e 13 contra. Novamente, o time rubro assegurou o título ao ganhar do São Cristóvão: 1 x 0, novo gol de Gabriel Carvalho. O artilheiro foi o alvinegro Aluísio, com 12 gols. Uma curiosidade foi o fato de, naquele ano, ter sido usado pela primeira vez um placar informando o andamento da partida. Isso ocorreu na vitória do América sobre o Flamengo por 2 x 1, no campo da Rua Paissandu.

O América foi fundado por ex-integrantes do antigo Clube Atlético da Tijuca, na Muda, que se dedicava ao ciclismo e às corridas a pé, dois esportes em moda na cidade no começo do século passado. Quando o clube da Tijuca foi dissolvido, alguns de seus ex-sócios, insatisfeitos por não terem mais um esporte a que se dedicar, começaram a discutir a possibilidade de criarem eles próprios uma entidade desportiva. Alfredo Guilherme Koehler, seu meio-irmão Jaime Faria Machado e Oswaldo Mohrstedt, que conhecia Oscar Cox e havia assistido a jogos do Fluminense, começaram a sonhar com um clube.

Na Saúde, nasce o América.

No dia 18 de setembro de 1904, eles se reuniram no bairro carioca da Saúde, na casa de Alfredo Mohrstedt, com Henrique Mohrstedt, Gustavo Bruno Mohrstedt e Alberto Klotzbücher, para fundarem um clube. Reunião animada, Oswaldo deu o nome Rio, que foi recusado (até porque existira uma associação com esse nome, criada em 1902). Henrique sugeriu Praia Formosa, nome do local em que estavam, mas a idéia não vingou. Foi quando Koehler arrancou palmas gerais ao propor América Football Club. Com Alfredo eleito presidente, os fundadores fizeram o pacto de "nunca abandonar o América, mesmo nas maiores crises".

Os primeiros chutes do América, em 1904, foram um tanto hesitantes. Apesar de ter participado da fundação da Liga Metropolitana de Football, em 1905, o América não conseguiu disputar o Campeonato Carioca de 1906 entre os primeiros times (equipes principais). Os

Futebol Brasil Memória

americanos não tinham um bom campo para treinar, nem material esportivo adequado. Na estréia, num amistoso com o Bangu, em Bangu, foram goleados por 6 x 1.

À época, o América usava camisa preta – com as letras A, F e C bordadas e entrelaçadas no peito –, calção branco e meias pretas. O primeiro capitão, que desempenhava as funções de treinador, era Amilcar Teixeira Pinto. Na Liga, em 1906, o América foi incluído na Segunda Divisão, mas a princípio não tinha adversários. Depois de muita expectativa, jogou na Segunda Divisão, mas perdeu o campeonato para o Riachuelo.

Em 1907, enquanto a Liga era dissolvida em razão da luta pelo título – entre Botafogo e Fluminense –, o América passava a usar camisas em vermelho e preto. No ano seguinte, um fato casual daria novo ânimo ao clube tijucano. Belfort Duarte, estudante paulista, se mudava para o Rio. Ao chegar de surpresa à cidade, revelou ao velho amigo Gabriel de Carvalho, também estudante, que gostaria de ingressar no Fluminense. Foi quando Gabriel, em nome da amizade que tinham, pediu para que ele auxiliasse um clube até então pequeno, mas que poderia se agigantar: "O América precisa muito mais de você que o Fluminense." Deu certo. Belfort logo se apaixonou pelo América. Oriundo do Mackenzie paulista, cuja cor era vermelha, Belfort propôs, em abril de 1908, que se adotasse a mesma coloração para o América. No mesmo ano, o time jogaria pela primeira vez na Primeira Divisão. O atual escudo com as letras A, F e C, uma ao lado da outra, foi adotado em 1913, por sugestão de Marcos Carneiro de Mendonça. Dois anos antes, em 1911, ao se fundir com o Haddock Lobo, outra associação da Tijuca, o clube chegou ao campo da Rua Campos Salles, que pertencia ao Haddock Lobo, e onde o América tem sede até hoje.

O rubro América começou preto-e-branco.

Heróis da Independência

Também em 1922, o Morro do Castelo, no Centro, um dos primeiros pontos de ocupação da cidade, simplesmente deixaria de existir. Na gestão do prefeito do então Distrito Federal, Carlos Sampaio, começou-se a discutir a necessidade de pôr abaixo o morro ocupado por cerca de trezentas moradias.

Na época, famílias mais abastadas haviam deixado o local, cansadas de terem de transportar alimentos e outros materiais morro acima. Assim, a região passou a servir de esconderijo para desocupados e marginais. Uma das alegações da necessidade de se acabar com a elevação era a de ventilar o Centro e criar uma área plana na cidade. A área ficou conhecida até hoje como Esplanada do Castelo e serviu para abrigar a Exposição do Centenário da Independência, em 1922. O que se sabe é que com a demolição do antigo Morro do Castelo, a temperatura no Centro baixou 4°C em média. O volume de terra de lá retirado, algo em torno de 66 mil metros cúbicos, foi utilizado para aterrar as areias localizadas junto à Baía de Guanabara, permitindo a ocupação de áreas na Zona Sul.

Português e negro
18

Antes e depois do Vasco. Sem exageros, a história do futebol do Rio se divide em duas, com a ascensão à Primeira Divisão do clube identificado com a colônia portuguesa. Afinal, o ano de 1923 marcaria uma nova fase no futebol do Rio. Conforme relata Mário Filho em seu livro *O negro no futebol brasileiro*, nenhum clube carioca fora campeão de 1906 a 1922 com atletas negros em seus times, embora jogadores afro-descendentes já tivessem atuado no Bangu e no América, por exemplo. Entretanto, até 1923, ser campeão com pelo menos um negro na equipe era algo ainda inédito.

– Um clube da Segunda Divisão, porém, subiu para a Primeira. Chamava-se Clube de Regatas Vasco da Gama, e trouxe com ele mulatos e pretos. Nelson Conceição, que tinha saído do Engenho de Dentro, mulato; Ceci, do Vila Isabel, quase preto; Nicolino, do Andaraí, preto. Os outros, brancos, alguns mal sabendo assinar o nome. O Vasco, clube da colônia, seguia a boa tradição portuguesa da mistura – atesta Mário Filho em seu trabalho.

Na conquista de 1923 pela Liga Metropolitana de Desportos Terrestres (LMDT), o time-base vascaíno era: Nélson, Leitão e Mingote (Cláudio); Nicolino, Bolão e Arthur; Paschoal, Torterolli, Arlindo, Cecy e Negrito. O técnico era o uruguaio Ramón Platero. A campanha vascaína incluiu 11 vitórias, 2 empates e apenas 1 derrota, com 32 gols a favor e 19 contra. Os artilheiros do campeonato foram Coelho, do Fluminense, e Chiquinho, do América, com 12 gols cada um.

Para chegar a tais resultados, nada foi fácil para o Vasco. Em 1922, o clube havia vencido a Série B da Primeira Divisão, equivalente, na prática, à Segunda Divisão da época. E se preparou para começar muito bem na Primeira Divisão, tanto que contratou o técnico uruguaio Ramon Platero, que havia dirigido o Fluminense na vitoriosa campanha tricolor de 1919.

Vila Isabel: berço do futebol vascaíno.

No Vasco, Platero adotou um intenso sistema de treinamento, que incluía boa alimentação, no restaurante Filhos do Céu; vida regrada, com horários estabelecidos para se recolher; e corridas a pé do antigo campo vascaíno na Rua Morais e Silva (São Januário só seria inaugurado em 1927) até a Praça Sete, atual Praça Barão de Drummond, tudo em Vila Isabel.

– Ninguém deu importância à ida do Vasco para a Primeira Divisão. Que é que podia fazer um clube da Segunda Divisão contra um América, campeão do Centenário, contra um Flamengo, bicampeão, contra um Fluminense, tricampeão? O Vasco que botasse quantos mulatos, quantos pretos quisesse no time. Tudo continuaria como dantes, os brancos levantando os campeonatos, os mulatos e os pretos nos seus lugares, nos clubes pequenos – comenta Mário Filho na mesma obra.

Os jogadores vascaínos, recrutados entre as equipes da Liga Suburbana, fundada em meados da década de 1910, eram muito

Português e negro

diferentes dos cavalheiros que vestiam as camisas dos times de elite e falavam em inglês no campo. Todos os atletas do Vasco eram pobres e alguns deles, negros, mulatos, semi-analfabetos, enfim tudo o que o futebol elitizado de então mais odiava.

Os jogadores do Fluminense, do Flamengo, do Botafogo e do América eram amadores e *bon-vivants*, não dispensando uma noitada. Os vascaínos, por sua vez, recebiam gratificações e oficialmente eram funcionários de estabelecimentos comerciais de alguns portugueses, adeptos do clube.

Com a ascensão do Vasco, surge o "bicho".

Essas gratificações ficaram conhecidas como bichos por se referirem ao jogo do bicho, loteria em que os apostadores tentam adivinhar que animal será sorteado a cada dia. Por isso, um cachorro equivalia a cinco mil-réis (o número 5 no jogo se refere a esse animal); um galo (cinqüenta mil-réis); uma vaca de uma perna (cem mil-réis), de duas pernas (duzentos mil-réis) ou de quatro pernas (quatrocentos mil-réis).

Era o amadorismo marrom ou o pré-profissionalismo? Qualquer que seja a interpretação, o Vasco, mais bem preparado fisicamente, atravessou o turno sem perder um ponto sequer. Às vezes começava perdendo, mas mudava o resultado no segundo tempo, virando o jogo.

No segundo turno, a equipe chegou ao título por antecipação ao bater o São Cristóvão por 3 x 2. Num jogo que se tornou lendário, os vascaínos sofreram a única derrota daquela competição para o Flamengo, por 3 x 2, no estádio do Fluminense. Mário Filho e vários autores narram que remadores do Flamengo, com seus remos enrolados em jornais, se puseram em pontos estratégicos no estádio. Quando torcedores vascaínos se manifestavam, eram agredidos com golpes de remo. No final, quando o Vasco teve anulado o que seria seu terceiro gol, houve uma briga generalizada, e a partida ficou conhecida como Jogo das Pás de Remo.

Futebol Brasil Memória

Tal versão é por vezes negada por alguns historiadores modernos, mas ainda segundo Mário Filho, o Flamengo promoveu um carnaval na cidade, comemorando a derrota do Vasco, embora este terminasse ganhando o título até com certa facilidade. Os atacantes Arlindo e Cecy, ambos com oito gols, e o apoiador Bolão foram destaques do time. A confusão surgida naquele 3 x 2 a favor dos rubro-negros só serviria para reforçar a rivalidade Vasco x Flamengo existente no remo desde o século XIX, fazendo com que hoje esse seja o clássico de maior rivalidade no Rio e provavelmente no país.

> Num time de camisas pretas, brancos e negros.

Certo é que quanto mais os vascaínos venciam, mais atraíam gente aos estádios, acabando com a imagem de um futebol elitizado, restrito. Curiosamente, as torcidas dos times de elite foram se tornando mais agressivas no palavreado, começando a xingar os vascaínos, o que antes não era tão freqüente.

O Vasco entrava em campo usando uma camisa preta com a cruz de Cristo (conhecida também como cruz de Malta) no peito, em vermelho. Na época, não existia a faixa diagonal em branco (surgida apenas no fim dos anos 1930) e muito menos a camisa branca. O Vasco era o time dos camisas pretas. Apesar de mestiço, de ter atletas brancos, negros, mulatos e pobres, era chamado de time de portugueses, ao passo que os times de elite – em que negros não eram aceitos, por exemplo – seriam genuinamente brasileiros.

Vale lembrar que naquela época o preconceito racial era mais forte porque a Abolição da Escravatura havia ocorrido em 1888, menos de quarenta anos antes. Havia também um sentimento antilusitano porque no começo do século XX o Brasil não mantinha relações diplomáticas com Portugal, apesar de o país ter tido colonização lusitana. A bem da verdade, as piadas contra negros e portugueses existentes até hoje são rastros de preconceitos arraigados numa mentalidade supostamente nacionalista e brasileira.

Português e negro

Português de nascimento, mas radicado no Rio, o empresário Rui Soares Proença de Sousa, de 82 anos, conta que os vascaínos enfrentaram pesada discriminação quando da chegada da equipe à Primeira Divisão nos anos 1920.

– Ninguém faz idéia do que os vascaínos sofreram precisamente pelo apoio dado aos negros. O português humilde que vinha para cá de navio para trabalhar também sofria muito. No meu ponto de vista, foram dois rios (portugueses e negros) que se juntaram e deram no mar. Eles (os imigrantes portugueses e os negros, descendentes de escravos) sentiram a pressão que estavam sofrendo – conta.

Rui Proença relata que a equipe do Vasco, que começara no futebol em 1916, passou primeiramente pela Terceira Divisão e depois pela Segunda, até chegar à Divisão Principal, em que enfrentaria os grandes daquela época, como Fluminense, Flamengo, Botafogo e América.

Na época, nos anos 1920, o Vasco já era uma força no remo, com vários títulos. As regatas eram na Enseada de Botafogo, e às vezes até o presidente da República comparecia às provas. Mas se era grande no remo, o Vasco como clube de futebol ainda era desconhecido. A princípio, seria mais um clube de subúrbio, mais um figurante numa liga dominada pelas grandes forças.

– O Vasco foi campeão da Segunda Divisão em 1922, e o fato de ele ter sido campeão da Segunda Divisão num ano e da Primeira no ano seguinte foi incrível. Isso amedrontou os bambambãs da época. Eles diziam: "Como um time de galegos", como eles se referiam aos portugueses, "e de negros poderia ser campeão?" – comenta Rui Proença.

Para ele, o que seu clube realizou nos anos 1920 deu início a uma nova fase na história do futebol carioca:

– Foi uma verdadeira revolução, porque negros não entravam no Fluminense, Flamengo, Botafogo... Foi muito marcante, inicialmente,

Antes de chegar ao futebol, o Vasco era força no remo.

um time ter vindo da Segunda Divisão e ter sido campeão na Primeira logo ao estrear, contra tudo e contra todos. Só depois é que os rivais se deram conta de que o Vasco era um adversário de peso.

Segundo Rui Proença, o Vasco é, até hoje, um clube que integra diferentes grupos sociais, como portugueses e brasileiros, e que tem iniciativas como a de ter aberto uma escola de ensino médio em sua sede.

– O mais importante sobre o Vasco na minha opinião foi o clube ter dado um passo adiante, ter feito uma revolução para acabar com o elitismo. O Vasco é a união, o congraçamento entre portugueses e brasileiros. Esses dois grupos discriminados, de portugueses e de negros, unidos, fizeram o Vasco. A elite viu que havia valor na união entre portugueses e negros. Isso é algo que só nos honra, porque se aquelas discriminações contra os negros tivessem continuado, não teríamos tido Pelé – enfatiza o empresário.

O sonho de fundar o Vasco surge na barca para Niterói.

O Vasco foi fundado em 21 de agosto de 1898, como uma associação destinada ao remo. Naquele Rio de Janeiro de fim de século, com cerca de seiscentos mil habitantes, os jovens Henrique Ferreira Monteiro, Luís Antônio Rodrigues, José Alexandre d'Avelar Rodrigues e Manuel Teixeira de Sousa Júnior, adeptos do remo, saíam do Rio e iam de barca até o Clube de Regatas Gragoatá, em Niterói, para praticar seu esporte favorito. Nessas idas e vindas, surgiu entre eles a idéia de criar um clube carioca de regatas. As competições eram, principalmente, na Enseada de Botafogo.

Os quatro fundadores começaram a se reunir na Rua Teófilo Otoni 80, no Centro da cidade. Somente após uma série de encontros preliminares, eles se reuniram em um domingo, 21 de agosto, às 14h30, para dar início à assembléia de fundação, na sede da Sociedade Dramática Particular Filhos de Telma (clube teatral existente até hoje), no bairro da Saúde, na Zona Portuária do Rio.

Português e negro

Os quatro rapazes – da colônia portuguesa e membros da classe dos pequenos comerciários, os chamados caixeiros – conseguiram reunir ao todo 62 fundadores, que elegeram presidente o comerciante Francisco Gonçalves do Couto Júnior.

A escolha do nome não foi imediata. Santa Cruz e Pedro Álvares Cabral foram duas das denominações propostas. Mas prevaleceu Vasco da Gama, em homenagem ao quarto centenário da descoberta do caminho marítimo para as Índias pelo navegador português, em 1498. Por proposta de José Lopes de Freitas, o clube jamais mudaria as cores preta e branca e o vermelho da cruz das embarcações portuguesas. O preto e o branco representariam a idéia de que pelo clube pudessem competir pessoas de todas as raças e origens sociais, portugueses e brasileiros, em igualdade e sem discriminação.

Um mulato de cravo na lapela preside o clube.

Em 1899, um ano após sua fundação, o Vasco conseguia se filiar à União Fluminense de Regatas, para em 1904 se tornar campeão carioca de remo pela primeira vez. Naquela época o clube teve o primeiro presidente não-branco do esporte do Rio: Cândido José Araújo, mulato elegante, que não dispensava um cravo na lapela. É bem antigo, ainda do tempo do remo, o grito de "Casaca!" que ecoa entre os torcedores nas conquistas importantes.

Até 1915 o clube só se dedicava ao remo e ao tiro. Mas com a vinda ao Rio, em 1913 – a convite do Botafogo –, de um combinado da Associação de Football de Lisboa, a colônia portuguesa se apaixonou pela modalidade e fundou clubes, fechados aos brasileiros, como o Lusitânia. Em 1915, porém, numa polêmica decisão interna, o Vasco – que tinha como bandeira unir portugueses e brasileiros – assumiu o Departamento de Futebol do Lusitânia, sob a condição de que este se convertesse à mentalidade de integração dos vascaínos. No ano seguinte, o time estreava na Terceira Divisão, da pior forma possível,

Futebol Brasil Memória

goleado por 10 x 1 pelo extinto Paladino. O primeiro gol da história do Vasco foi de Adão Brandão, que também era remador.

Apesar de haver terminado em último na Terceira Divisão, em 1916, o clube passou à Segunda por causa da reorganização da filiação de novos clubes à Liga Metropolitana. Assim, cada divisão passou a ter dez equipes. O Vasco permaneceu na Segunda Divisão até 1921, quando houve nova modificação na estrutura das divisões. A Primeira Divisão passou a ter duas séries, com sete clubes cada uma: a Série A com os sete primeiros colocados da Primeira Divisão de 1920 e a B com os três últimos colocados da Primeira Divisão mais os quatro primeiros colocados da Segunda.

Como o Vasco havia alcançado o quarto lugar na Segunda Divisão, foi para a Série B. Em 1922, finalmente, venceu as três categorias da Série B – primeiro, segundo e terceiro quadros – e obteve o direito de disputar a promoção à Série A numa partida contra o São Cristóvão, o último da Série A. A partida terminou empatada e, como o regulamento não previa uma partida de desempate, a Liga aumentou o numero de participantes da Série A de sete para oito, evitando dessa maneira o rebaixamento do São Cristóvão e garantindo a ascensão vascaína.

Pavilhão de glórias
19

A conquista pelo Vasco do título carioca de 1923 foi vista como uma grande ofensa aos grandes clubes da elite do Rio. Um ultraje, algo inaceitável. Como um cavalheiro branco, fino, de boa família e educado na Europa poderia se sujar disputando um lance com um negro ou mesmo um branco, mas pobre e que mal sabia assinar o nome?

Como diz Mário Filho em seu livro *O negro no futebol brasileiro*, o título do Vasco em 1923 foi mais do que uma conquista esportiva:

– Era uma verdadeira revolução que se operava no futebol brasileiro. Restava saber qual seria a reação dos grandes clubes.

Ele tinha razão. A reação dos chamados grandes acabaria levando o futebol carioca à segunda cisão de sua história, depois da de 1912. Em 1º de março de 1924, Fluminense, Flamengo, Botafogo e América, os grandes clubes de então, idealizaram a criação de uma nova entidade esportiva, a Associação Metropolitana de Esportes Amadores, a Amea, em substituição à Liga Metropolitana de Desportos Terrestres (LMDT).

Os grandes clubes desejavam, inicialmente, uma reforma da LMDT, querendo a adoção do voto plural, ao contrário do voto unitário. No voto plural os grandes clubes com mais títulos se tornam mais fortes. Outra idéia era a de que os clubes praticassem outras modalidades, além do futebol.

> Atletas analfabetos ou com profissões "inferiores" não seriam aceitos.

Os grandes clubes exigiam também que os membros da entidade tivessem estádios próprios ou alugados por cinco anos, o que atingia o Vasco. O campeão de 1923 tinha apenas um pequeno campo na Rua Morais e Silva, em Vila Isabel, que só servia para treinos. Havia outras exigências, como as de investigar a profissão dos jogadores, que não poderiam ter atividades consideradas inferiores.

Além disso, desde o ano anterior, atletas analfabetos, que não pudessem assinar a súmula, não seriam aceitos. Para eles, o Vasco havia contratado um professor de caligrafia. O ponta Paschoal Cinelli, por exemplo, teve de trocar o sobrenome italiano pelo Silva, mais fácil de escrever.

A ideologia que prevalecia entre os grandes clubes era a do amadorismo, que, segundo seus defensores, havia sido maculado pelo Vasco pelo fato de este pagar bichos a seus atletas. Depois de muita discussão, os chamados grandes saíram da LMDT e fundaram a Amea, na qual poderiam impor as idéias rejeitadas na liga anterior. Na nova entidade, haveria clubes fundadores, efetivos, especialistas e honorários. Os efetivos seriam obrigados a ter sede e campo próprios ou arrendados por no mínimo cinco anos, além de competir em futebol, atletismo, tênis e outra modalidade escolhida pela entidade.

Foi adotada a eliminatória olímpica, na qual o campeão da Segunda Divisão teria de ter condições materiais e esportivas iguais às do último colocado da Primeira, levando-se em conta os quatro esportes citados.

Pavilhão de glórias

Também contribuiu para a formação da nova liga o fato de Ernesto Loureiro Filho, dirigente do Andaraí (que também tinha jogadores negros e pobres), ter sido eleito para a vice-presidência da LMDT, o que colocava em risco o predomínio dos clubes de elite e pró-amadorismo. A crise se tornou mais grave quando em uma sessão da LMDT Mário Polo, representante do Fluminense, apresentou as condições impostas aos chamados pequenos clubes. Estes teriam de comprovar suas condições materiais e eliminar jogadores considerados profissionais, que constavam de uma lista anunciada naquele momento.

Houve confusão e vaias. Barbosa Júnior, do Mackenzie, do Méier, falando pelos chamados pequenos, condenou o racismo, uma vez que os atingidos eram apenas do Vasco, Bangu, Andaraí e São Cristóvão. Atletas do Fluminense, Botafogo, Flamengo e América não constavam da relação de elimináveis. A maioria apoiou Barbosa Júnior, e a sessão foi suspensa temporariamente.

Polêmica sobre condição social de atletas leva futebol carioca à cisão.

Mário Polo e Ari Franco, este representante do Bangu, foram para uma sala onde conversaram em separado. Com a polêmica, os chamados grandes resolveram fundar a Amea, para a qual conseguiriam atrair Bangu e São Cristóvão, que tinham jogadores atingidos pelas polêmicas medidas da nova entidade.

A reação do Vasco foi clara. O então presidente José Augusto Prestes enviou um ofício a Arnaldo Guinle, presidente da Amea, declarando publicamente que se negava a participar da liga para a qual o clube havia sido convidado. Afirma o documento:

"As resoluções divulgadas hoje pela imprensa, tomadas em reunião de ontem pelos altos poderes da Associação à que V. Exa. tão dignamente preside, colocam o Clube de Regatas Vasco da Gama em tal situação de inferioridade que absolutamente não pode ser justificada nem

Futebol Brasil Memória

> Sociólogos e historiadores divergem quanto à crise de 1924.

pela deficiência do nosso campo, nem pela simplicidade da nossa sede, nem pela condição modesta de grande número dos nossos associados. Os privilégios concedidos aos cinco clubes fundadores da Amea, a forma como será exercido o direito de discussão e voto e as futuras classificações obriga-nos a lavrar o nosso protesto contra as citadas resoluções. Quanto à condição de eliminarmos doze (12) jogadores das nossas equipes, resolve por unanimidade a diretoria do Clube de Regatas Vasco da Gama não a dever aceitar, por não se conformar com o processo por que foi feita a investigação das posições sociais desses nossos consócios, investigações levadas a um tribunal onde não tiveram nem representação nem defesa. Estamos certos de que V. Exa. será o primeiro a reconhecer que seria um ato pouco digno da nossa parte sacrificar ao desejo de filiar-se a Amea alguns dos que lutaram para que tivéssemos, entre outras vitórias, a do Campeonato de Futebol da Cidade do Rio de Janeiro de 1923. São esses doze jogadores jovens, quase todos brasileiros no começo de sua carreira, e o ato público que os pode macular nunca será praticado com a solidariedade dos que dirigem a casa que os acolheu nem sob o pavilhão que eles com tanta galhardia cobriram de glórias. Nestes termos, sentimos ter de comunicar a Vossa Excelência que desistimos de fazer parte da Amea."

Fluminense, Flamengo, Botafogo, América, Bangu e São Cristóvão jogariam na Amea, enquanto o Vasco e equipes consideradas menores – como Engenho de Dentro, Bonsucesso, Andaraí e Mangueira – permaneceriam na LMDT. Na Amea, o Fluminense foi campeão, e na LMDT, o Vasco.

A crise de 1924 é objeto de estudo de sociólogos, historiadores e jornalistas. De acordo com o professor Antônio Jorge Soares, um

Pavilhão de glórias

dos autores (junto com Hugo Lovisolo e Ronaldo Helal) do livro *A invenção do país do futebol*, havia racismo, mas não segregação, porque, nesse caso, os negros não seriam sequer aceitos. A questão em 1924, segundo Soares, envolvia a tensão entre amadorismo e semiprofissionalismo, e não entre brancos e negros.

– As dissidências de 1924 foram parte do processo de profissionalização do futebol, num contexto tenso em que o amadorismo ainda era um valor que servia de mecanismo de resistência das elites que governavam o esporte, no Brasil e em outros países. ...Entretanto, não podemos pensar o racismo como o motivador dos eventos em tela a partir dos indícios que temos à mão. ...A crise vivida no futebol carioca nos anos 1920 fazia parte de uma configuração mais ampla do esporte; e que não se limitava ao Brasil. A popularização do futebol, seu processo de transformação em negócio e em profissão estava tencionado pelos valores amadorísticos ou aristocráticos do esporte – escreveu Soares.

Racismo no futebol brasileiro permanece, segundo o professor Figueiredo da Silva

Para o sociólogo Ronaldo Helal, doutor em Sociologia pela Universidade de Nova York e especialista em mídia e esporte, até os anos 1930 havia no país uma forma de pensar o Brasil que estava muito ligada à questão racial.

– A mistura racial não era bem-vista. Rui Barbosa e Oliveira Vianna achavam que o Brasil fracassaria se continuasse havendo mistura. Somente com Gilberto Freyre, a partir dos anos 1930, com o livro *Casa-grande & senzala*, é que a mistura racial passou a ser bem-vista no país. O livro de Freyre era revolucionário para a época, mas tem um culto à negritude em que dá a entender que os negros seriam bons para o esporte e para a música, mas talvez não para outras atividades. O futebol, com Gilberto Freyre, Mário Filho e Getulio Vargas, passou a ser um fator de integração do país – analisa Helal, acrescentando:

Futebol Brasil Memória

– O racismo prevalecia, mas havia a preservação de valores amadores. Isso também ocorreu na Inglaterra.

Autor da tese "A linguagem racista no futebol brasileiro", escrita depois da perda da Copa do Mundo de 1998 e das críticas ao atacante Ronaldo, o Fenômeno, o professor Carlos Alberto Figueiredo da Silva, doutor em Educação Física e Cultura, sustenta que o racismo existe até hoje no futebol brasileiro. Em sua opinião, depois de uma Copa do Mundo, quando um jogador branco falha, é criticado apenas como atleta. Mas quando o erro é de um negro, como Barbosa, em 1950, ele é atacado em sua individualidade, como pessoa. Figueiredo da Silva estudou os episódios de 1923 para 1924:

Amadorismo puro nos anos 1920?

– Considero que o racismo no futebol brasileiro chegou ao clímax com a proibição ao Clube de Regatas Vasco da Gama de participar do Campeonato Carioca de 1924. A reação do Vasco em não aceitar as imposições dos grandes clubes poderia ser compreendida como uma manifestação mais organizada daquilo que já se manifestava na periferia (o crescimento do futebol e o surgimento de craques entre os mais pobres, não aceitos nos clubes de elite). A recusa do Vasco em ingressar na Amea foi um ataque direto ao núcleo central da representação social daquela época, o que gerou uma crise. ...A transformação dessa representação ainda não se deu no futebol brasileiro – escreve Figueiredo da Silva.

Para o pesquisador, os episódios de 1923 e 1924 deixaram à mostra o racismo daquele tempo.

– O Vasco tinha um modelo e uma logística diferentes dos demais, treinando de manhã e à tarde. Em seu time havia operários que fugiam ao que estava estabelecido. Havia em sua equipe negros, portugueses e operários que surpreenderam a todos e ganharam o campeonato. Naquela época, o futebol já começava a movimentar bastante dinheiro. Será que o amadorismo proclamado pelos outros clubes era tão puro? No meu ponto de vista, a questão racial foi fundamental. Na crise de 1923 e 1924, havia um componente do conflito entre amadorismo e profissionalismo, mas aquele era um mercado crescente e quem estava no poder queria mantê-lo para si. O estatuto da Amea era discriminatório e tinha artigos que falavam de pureza e usavam termos relativos à aristocracia. Os jogadores operários, que não eram desse grupo social ou biológico, ficavam de fora. O racismo é uma forma de um grupo exercer seu poder sobre o outro. O Vasco foi um clube que deu condição a esses jogadores negros e operários, em termos de treinamento, de desafiarem a elite – afirma ele.

O jornalista Roberto Porto, colunista do Jornal dos Sports e do programa "Loucos por Futebol", da ESPN Brasil, argumenta que os vascaínos tiveram o mérito de, nos anos 1920, atrair os torcedores mais pobres para os estádios.

Cor da pele impede Luís Antônio de ser convocado para a seleção.

– O Vasco sempre teve o profissionalismo antes do profissionalismo. Era o amadorismo marrom. O clube atraiu a classe C para os estádios porque pôs negros no futebol. O Bangu teve negros antes, mas não tem a mesma importância que os quatro grandes. Foi o Vasco que preparou os clubes para o profissionalismo. Isso não é demérito para o clube porque é algo próprio de um clube que quer vencer. Os outros clubes não queriam atletas negros. Era racismo, mesmo! Se atualmente existe racismo, não existiria naquela época? – sustenta o jornalista.

Aidan Hamilton, jornalista inglês que pesquisou o tema para uma obra a respeito da vida de Domingos da Guia (que brilharia nos anos 1930 e 1940), diz que existiam na época tensões raciais no futebol brasileiro, tanto que Luís Antônio, do Bangu (irmão mais velho de Domingos), deixou de ser chamado para a seleção brasileira entre 1922 e 1924 por ser negro.

Futebol Brasil Memória

Além de adversários, Domingos da Guia superou preconceitos.

– Textos da época falam da exclusão de negros. Havia, na imprensa, fortes queixas de racismo, e negros não participavam dos clubes. O racismo era disfarçado e camuflado. Havia preconceitos contra negros e analfabetos. A questão é saber até que ponto os clubes de elite buscavam manter e fortalecer as barreiras contra os negros. Os negros, por serem negros, eram vistos como ainda mais pobres – enfatiza Hamilton.

– Nos anos 1920, em 1927, eram comuns em São Paulo os jogos de negros x brancos, mas isso quase não ocorria no Rio. O Governo (de Vargas) parecia preocupado em mostrar que no país negros e brancos estavam unidos. Nos anos 1930, Leônidas da Silva e Domingos da Guia eram vistos como representantes desse Brasil que incluía a todos numa mesma nação, mas o que havia era racismo disfarçado, camuflado, junto com a questão entre amadores e profissionais – completa o jornalista inglês.

Um dos primeiros ídolos negros do futebol brasileiro, Domingos da Guia brilhou nos anos 1930 no país e também na Argentina e no Uruguai. Seus filhos Sandra da Guia e Domingos da Guia Filho, irmãos do craque Ademir da Guia, lembram que o pai superou o preconceito vigente no começo da história do futebol do Brasil.

– Ele foi um dos primeiros a ter enfrentado muitas barreiras. Foi um dos primeiros a ter lutado contra o racismo. Com ele, não tinha esse negócio de "Não pode". Ele superou o preconceito por ser talentoso – opina Sandra da Guia.

Em conferência sobre Futebol e Cinema no Brasil, publicada no livro *Futebol: espetáculo do século*, o sociólogo Maurício Murad entende que em paralelo ao futebol elitizado e racista surgia nas camadas mais populares uma espécie de processo clandestino de crescimento desse esporte. Tudo isso levaria, a longo prazo, à democratização e popularização do futebol.

Pavilhão de glórias

– Este processo ...verá instalada e reconhecida sua vigência, a partir da década de 1920, mais precisamente 1923, quando o Vasco da Gama foi campeão carioca – campanha extraordinária, quase invicta. ...E foi bicampeão em 1924 (agora invicto), com um timaço de pretos e pobres. ...Este processo não ocorreu sob a égide da cordialidade e da conciliação, foi resultante de um contexto político de confrontos e conflitos entre diferentes interesses de grupos sociais antagônicos.

Atento pesquisador da cultura popular, no que diz respeito ao futebol e ao samba, o jornalista e escritor Sérgio Cabral relata ter ouvido do também jornalista Álvaro Nascimento que a resistência ao racismo se dava nas ruas:

– Álvaro me contava que a resistência do Vasco ao racismo se manifestava em comícios públicos. O argumento de que o Vasco praticava o profissionalismo numa época amadora foi uma desculpa para o racismo. Havia um preconceito terrível nos clubes contra os negros, pobres e operários. Na música popular o preconceito também era notório.

> Num mesmo ano, dois clubes campeões cariocas.

Amadorismo ou racismo? O que causou a crise de 1923-1924? Para o professor universitário e doutor em Educação Física Sílvio Ricardo da Silva, da Universidade Federal de Viçosa, foi um conjunto de fatores que causou a dissidência entre a LMDT e a Amea.

– Pode ter havido o racismo e ao mesmo tempo um sentimento de antiprofissionalismo. O racismo não é explícito, ao contrário. O Vasco tinha atletas negros, pobres, suburbanos, empregados do comércio. Toda aquela imagem de europeização que a Belle Époque desejava o Vasco não representava. Até hoje o racismo existe na sociedade como um todo, e os preconceitos são mais implícitos que explícitos – analisa Sílvio Ricardo.

Na Amea, a nova liga carioca, o título de 1924 foi do Fluminense. A equipe-base do técnico inglês Charles Williams era: Haroldo, Léo e Petit; Nascimento, Floriano e Fortes; Zezé, Lagarto, Nilo, Preguinho (Coelho) e Moura Costa. Na campanha, foram 12 vitórias, 1 empate e 1 derrota, com 54 gols a favor e 19 contra. O artilheiro foi o tricolor Nilo, com 28 gols.

Na antiga LMDT, o Vasco conquistou o primeiro título invicto de sua história, com Nélson, Leitão e Mingote (Espanhol); Brilhante, Bolão (Paula Santos) e Arthur; Paschoal, Torterolli (Russo), Russinho, Ceci (Pires) e Negrito. O técnico continuava a ser Ramon Platero. Na campanha, foram 16 vitórias em igual número de partidas, sem sequer um empate, com 46 gols a favor e 9 contra. O goleador foi o vascaíno Russinho, com 12 gols.

Em 1925, os grandes clubes mudaram sua política, permitindo a inscrição de jogadores humildes e concedendo ao Vasco direitos iguais aos dos fundadores da Amea. Para esse acordo, trabalhou muito o dirigente do Botafogo Carlito Rocha. No campo, o Flamengo chegou ao título daquele ano, tendo como destaques o zagueiro Penaforte, o apoiador Candiota e o ponta Moderato. A campanha rubro-negra teve 14 vitórias, 3 empates e 1 derrota, com 61 gols a favor e 18 contra. O time-base rubro-negro foi Batalha, Penaforte e Hélcio; Japonês, Seabra (Roberto) e Mamede; Nilton, Candiota, Nonô, Vadinho e Moderato. Nonô foi o artilheiro do campeonato, com 27 gols.

Um dia será outra vez
20

Os torcedores costumam dizer: "São Cristóvão, campeão de 1926. Um dia será outra vez." Se essa esperança será concretizada ou não, é impossível prever. Mas naquela temporada a camisa branca brilhou mais do que nunca na história dos campeonatos cariocas. Desafiando equipes de grande tradição, os cadetes, como eram conhecidos (os cadetes, alunos de escolas militares, mantinham boas ligações com o clube), chegaram ao título com 5 x 1 sobre o Flamengo, no antigo estádio rubro-negro, na Rua Paissandu, no Flamengo.

Passada a crise de 1924, quando houve uma cisão no futebol do Rio, os clubes cariocas estavam unidos numa mesma liga desde 1925. Em 1926, com 14 vitórias, 2 derrotas e 2 empates, com 70 gols a favor e 37 contra, o São Cristóvão do artilheiro Vicente, autor de 25 gols, assegurou seu único título de campeão da cidade, como se dizia.

– Esse título é o maior amuleto da história do São Cristóvão. Sua maior glória. Basta dizer que dos mais de sessenta clubes que já disputaram os campeonatos cariocas, apenas oito se sagraram

Futebol Brasil Memória

> O São Cristóvão é o único clube do mundo a não ter segundo uniforme.

campeões – escreve o são-cristovense Raymundo Quadros, em seu livro *Chuva de glórias*, sobre a história do clube.

Na mesma obra, Quadros escala a equipe campeã com Paulino, Póvoa e Zé Luiz; Julinho, Henrique e Alberto; Osvaldo, Jaburu, Vicente, Baianinho e Teófilo, além dos reservas Doca, Mendonça e Martins. Luiz Vinhaes era o treinador. Os anos 1920 foram os melhores da história cadete.

Clube em que seria revelado, décadas mais tarde, no final dos anos 1980, o craque Ronaldo Fenômeno, o atual São Cristóvão de Futebol e Regatas era, na época do título, o São Cristóvão Atlético Clube. A associação, hoje de futebol e regatas, é resultado da fusão do Club de Regatas São Christovam com o São Cristóvão Athletico Club. A agremiação de regatas foi fundada em 12 de outubro de 1898 e a de futebol, em 5 de julho de 1909. A fusão se daria em 13 de fevereiro de 1943. Das regatas, o clube herdou no escudo a cor rosa, a âncora, o remo e o arpão. Do futebol, manteve a cor branca, já que se trata do único time do mundo a não ter um segundo uniforme.

De acordo com Quadros, na época da fundação do São Cristóvão Atlético Clube, em 1909, o futebol era ainda uma modalidade iniciante no Rio. Pouco se noticiava sobre futebol nos jornais. Mas, pouco a pouco, no processo de popularização nascente, iam surgindo em cada bairro os campos de pelada (partidas informais), em que jogavam os times de subúrbio, afastados da liga dos grandes, como Fluminense, Botafogo, América e outros (Flamengo e Vasco ainda não tinham equipes de futebol, apenas de remo).

Por iniciativa de Manfredo Segismundo Liberal, rapazes de vários times que treinavam e jogavam na Praça Marechal Deodoro, no bairro de São Cristóvão, se reuniram e fundaram o clube. Depois de disputar seletivas, os cadetes alcançaram a Primeira Divisão em 1912, estreando ao lado de América, Fluminense, Paysandu, Rio Cricket,

Um dia será outra vez

Flamengo, Bangu e Mangueira. Na época, tinha ocorrido uma cisão, e o Botafogo estava na outra liga. O Vasco ainda não havia começado no futebol. Em seu campeonato de estréia, ficou em sétimo entre oito participantes. O Paysandu ganhou o título.

Em 1916, os são-cristovenses inauguraram seu estádio no local atual, na Rua Figueira de Melo, e, em 1919, chegaram à conquista do Torneio Início (um torneio de apresentação das equipes antes do campeonato da cidade e disputado em um único dia). Um ano antes, o clube vivera seu maior drama, a morte de João Cantuária, fundador do São Cristóvão e que atuava como apoiador. Cantuária, cujo nome é citado no hino cadete, foi uma das vítimas da gripe espanhola que dizimou uma parte significativa da população carioca naquela época.

> O clube cadete honra até hoje seu herói Cantuária.

No mesmo ano de 1926, do título do São Cristóvão, o técnico e ex-jogador inglês Harry Welfare deixava o Fluminense para trabalhar no Vasco. Dois anos depois do término de sua carreira como jogador, ele se tornou treinador. Depois de sua saída das Laranjeiras, foi dirigir o time do Vasco, entre 1927 e 1937 e também em 1940. Seus dez anos no clube são até hoje o recorde de permanência contínua em São Januário, onde conquistou os estaduais de 1929, 1934 e 1936.

Metódico, ele cuidava do aspecto técnico do treinamento, corrigindo fundamentos, como os de cobranças de escanteios, por exemplo. Em entrevista ao inglês Aidan Hamilton, Francisco Rainho, dirigente vascaíno, falecido em 2005, e que conhecera Welfare nas divisões de base do clube, comentava:

– A particularidade interessante de Welfare como treinador era a seguinte: ele incumbia jogador por jogador... Não é como hoje, que reúne o grupo e fala, fala, gasta retórica... e muitos não assimilam.

Harry Welfare, "professor" de futebol.

O Welfare chamava o jogador e o doutrinava no que ele queria que o sujeito fizesse. Welfare era um general tático.

O Velho Inglês, como era conhecido, trabalhou no clube de São Januário até 1944, em cargos diretivos e de consultoria técnica aos treinadores. Casado com a brasileira Flora, ele foi, ainda no Rio, membro da comissão técnica da Liga Carioca, nos anos 1930. O ex-atleta morreu em 1966.

A histórica ligação de Welfare no futebol do Rio começara nos anos 1910. Com um treinador inglês, Quincey Taylor, o Fluminense tricampeão de 1917 a 1919 contava em seu ataque com o britânico Welfare, que marcaria época como goleador. Nascido em 1888, Welfare, que era professor, chegou à cidade em 1913 para trabalhar no Gymnasio Anglo-Brasileiro, do qual Quincey Taylor era professor de Educação Física. Este apresentou ao Fluminense o compatriota (que jogara no Liverpool e no Northern Nomads, entre outros times britânicos). Isso impediu que Welfare fosse atuar pelo Paysandu, campeão de 1912 e muito mais britânico que o Fluminense.

Na época, a ida do atleta inglês para o tricolor causou polêmica porque dirigentes de outros clubes desconfiaram de que ele não seria amador, mas profissional, o que era proibido no regime amador então vigente. Consta também que não teria conhecido o clube das Laranjeiras por acaso. Teria vindo para o Rio já com um compromisso firmado com os tricolores. São dúvidas que se perderam no tempo e permanecem sem respostas.

Certo é que, em 1913, Welfare fez o gol da vitória de um combinado carioca por 2 x 1 sobre o Corinthian inglês, combinado este que usou as camisas tricolores, nas Laranjeiras, diante de cerca de dez mil pessoas. Era o mesmo Corinthian, que tinha vindo ao Brasil em 1910 e cujo bom futebol levou desportistas de São Paulo a fundarem o Sport Clube Corinthians Paulista.

Um dia será outra vez

A vitória dos cariocas sobre o Corinthian inglês foi encarada na época como um triunfo do Brasil sobre a Inglaterra, embora o time britânico que estivera no país em 1910 fosse bem melhor do que o de 1913. Apelidado de Tank (tanque em inglês), Welfare contribuiu, segundo estudiosos do futebol da época, para o desenvolvimento técnico desse esporte no país. O jornalista inglês Aidan Hamilton cita em sua obra *Um jogo inteiramente diferente: futebol – a maestria brasileira de um legado britânico* os comentários do escritor Cídio Carneiro a respeito do atacante na obra *Almanaque dos desportos*, de 1960:

Inglês radicado no Rio foi pioneiro da "tabelinha".

– Não temos dúvidas em afirmar que Welfare modificou muito o nosso futebol. Os maiores capítulos do soccer (futebol) carioca no tempo do amadorismo foram escritos com letras ciclópicas por esse extraordinário jogador. Estabeleceu um padrão próprio com seu jogo inteligente, impetuoso, objetivo, potente e realizador. Suas duas características principais eram o rush (arrancada) e o chute violento com qualquer dos pés. Além disso, fazia alarde de um excelente drible, baseado no jogo de corpo e no controle da bola. Tirava o adversário do lance com a maior facilidade. Foi o pioneiro da tabelinha, como se diz hoje. Pedia aos companheiros: "Me dá a bola no buraco e corre pra frente pra recebê-la novamente." O buraco é hoje chamado espaço vazio – escreveu Carneiro.

Curiosamente, o futebol carioca quase ficou privado de todo esse talento porque, em 1916, ao deixar o Anglo-Brasileiro, Welfare quase foi embora do país. Entretanto, o Fluminense lhe arranjou um emprego em uma indústria, e ele foi morar no clube. Entre 1917 e 1919, colaborou com seus 48 gols em quarenta partidas para o tricampeonato carioca dos tricolores. Nos anos seguintes a essa campanha, foi capitão da equipe e subdiretor de futebol, até parar de jogar e se tornar técnico, em 1924.

Chacrinha da Marquesa
21

O dia 21 de abril de 1927 entrou para a história do futebol carioca. Depois de cerca de dez meses de obras, o Vasco conseguia inaugurar aquele que seria, até a década de 1940, o maior estádio do país. Entretanto, quem fez a festa na inauguração não foram os donos da casa, mas os visitantes. Convidado para a abertura da praça de esportes, o Santos bateu o Vasco por 5 x 3, embora o primeiro gol tenha sido do vascaíno Galego (os outros foram de Negrito e Pascoal). Pelo Santos, marcaram: Evangelista (dois), Feitiço, Omar e Araken. O alvinegro praiano – apelido do Santos – era conhecido pelo forte poderio de ataque.

O estádio recebeu grande público na tarde de sua inauguração, e durante anos se tornaria o maior palco do esporte e de eventos não-esportivos na cidade.

Em depoimento à revista Polyanthéa Vascaína, de 1926, e reproduzido no livro *Memória social dos esportes – São Januário, arquitetura e história*, o dirigente Jordão Cançado Conde, um dos vice-presidentes do Vasco na época da construção do estádio, narrava que o clube

Futebol Brasil Memória

ainda festejava o título de 1923 e só despertou quando se verificou cisão entre a Liga Metropolitana de Desportos Terrestres (LMDT) a Associação Metropolitana de Esportes Athleticos (Amea), em 1924 - Espicaçaram-nos demais, quiseram nos amesquinhar, julgando que glórias conquistadas por nossos atletas nos campos da luta esporti não poderiam servir de estímulo ao corpo social. Enganaram-se, pois Vasco da Gama, com a força de vontade e o capricho que lhe é peculi vencerá tudo o que quiser vencer; e assim, numa das reuniões diretoria de 1925 ...fui solicitado ...a elaborar o respectivo projeto empréstimo de dois mil contos - contava Cançado Conde.

Foi na antiga Rua Abílio, atual General Almério de Moura, na Coli de São Januário, que, em 1926, o clube comprou a área de 65,4 m metros quadrados da antiga Chacrinha da Marquesa - a Marque de Santos, Domitila de Castro Canto e Melo, amante do imperad Dom Pedro I, que residira numa chácara naquela propriedade, ent pertencente a Carlos Kuenerz.

Ao contrário de outras associações que receberam os terrenos de su sedes como doação, o Vasco adquiriu a área e pagou toda a obra. futuro, o local, denominado oficialmente estádio do Vasco da Gar ficaria conhecido como São Januário pela proximidade da rua do mesr nome e que era última parada de uma conhecida linha de bondes.

Para levantar recursos, o clube fez correr listas pela cida Colaboraram financeiramente condutores de bonde, funcionár públicos, garçons, donos de bares e pessoas de várias classes socia Calcula-se que oito mil pessoas se associaram ao clube na época.

As obras de construção do estádio duraram dez meses. O projeto foi arquiteto Ricardo Severo, considerado um expoente do estilo neocolor no país. No dia 6 de junho de 1926, o então prefeito do Distrito Fede Alaor Prata, assinou o termo de lançamento da pedra fundamental e

Dinheiro coletado em listas paga construção de estádio.

Chacrinha da Marquesa

esmo dia tiveram início as obras. Esse seria o maior estádio do
io e do país (até a inauguração do Pacaembu, em São Paulo, em
7 de abril de 1940), com capacidade para abrigar entre 35 mil e
) mil espectadores. A construtora Christiani & Nielsen o entregou
oncluído em 21 de abril de 1927.

aviador português major J. M. Sarmento de Beiras (primeiro
ortuguês a realizar a travessia aérea Lisboa-Rio comandando o avião
rgos) cortou a fita simbólica, e o presidente da então Confederação
rasileira de Desportos (CBD), Oscar Costa, deu o pontapé inicial.
presidente da República, Washington Luiz, e membros de seu
inistério assistiram à partida inaugural da tribuna de honra.

Um estádio nas vizinhanças da antiga residência imperial.

egundo o empresário vascaíno Rui Proença, a construção do estádio
) clube em tempo recorde de menos de um ano foi uma façanha.
epois de ter ganhado o título de 1923, com uma equipe mestiça do
onto de vista racial, o que não era aceito em outras associações, o
asco teve de cumprir a exigência da Amea (Associação Metropolitana
 Esportes Athleticos) de ser proprietário de um estádio para poder
r respeitado como um clube grande e fazer parte dessa entidade.
Criaram um artigo no regulamento da Amea, obrigando-o a ter um
tádio. Diziam: "Não tem campo, não pode jogar." O que aconteceu foi
e os modestos torcedores do Vasco, como se dizia na época, se uniram
ra construir São Januário. Partiram para comprar a antiga chácara da
arquesa de Santos, que no tempo do Império residia ali próximo à Quinta
 Boa Vista, onde morava Dom Pedro I. Foi feita uma ampla campanha
pular em que cada participante fazia uma espécie de doação para o clube.
participaram da campanha, sempre, portugueses e brasileiros. Dá para
aginar as despesas de construção de um estádio. Os modestos torcedores
nharam com o maior estádio. Foi uma avalanche – analisa ele.

Futebol Brasil Memória

> Num estádio de futebol surge a legislação trabalhista brasileira.

Para Proença, todos os preconceitos enfrentados tornaram o clube mais forte:

– As dificuldades que o Vasco enfrentou nos anos 1920 o fizeram ainda maior e mais forte. Os adversários não imaginavam isso.

O empresário recorda que nos anos 1920 o Brasil importava praticamente tudo, até cimento. Também naquela época o Jockey Club Brasileiro havia obtido da Presidência da República isenção de impostos para importar o cimento necessário à construção de sua sede na Gávea. Lembrando-se disso, os vascaínos apelaram ao então presidente Washington Luiz a fim de receber igual benefício. O Governo, porém, negou isso ao clube. A solução adotada pelos engenheiros foi a de fazer uma mistura de cimento, areia e pedra britada.

– O Vasco pagou todas as despesas e construiu aquele monumento. O clube fez questão de convidar o presidente Washington Luiz para a inauguração. Inegavelmente, o Vasco fez uma revolução – afirma ele, recordando ter assistido ali a várias concentrações cívicas de Getulio Vargas nas décadas de 1930 e 1940.

– Vi várias vezes Getulio em São Januário. Naquele tempo, o trabalho no Brasil era quase escravo. Não havia limites de horas de trabalho. Getulio admirava São Januário. Era lá que ele falava ao povo. O maestro Villa-Lobos também se apresentava lá. Era fantástico. O normal seria que a Consolidação das Leis Trabalhistas (a CLT, promulgada por Vargas em 1943) fosse assinada num palácio ou no gabinete, e não na tribuna de honra de São Januário. Fui testemunha da assinatura da CLT há mais de sessenta anos – conta.

Em 31 de março de 1928, o Vasco inaugurou seus refletores no amistoso internacional com o Wanderers, de Montevidéu, ganhando por 1 x 0, gol olímpico do ponta-esquerda Santana.

Chacrinha da Marquesa

Entre os anos 1920 e 1940, São Januário foi o maior palco da seleção brasileira no país até a inauguração do Maracanã em 1950, destacando-se a conquista brasileira no Sul-americano de 1949. Hoje, trata-se do maior e melhor estádio particular no Rio.

De acordo com o livro *Memória social dos esportes – São Januário, arquitetura e história*, dos pesquisadores Clara e Hamilton Malhano, o estádio faz parte da história do Rio e do país, não só pelos eventos esportivos, mas também pelas concentrações cívicas, culturais e políticas, onde atuaram personagens de mundos alheios ao esporte, como os políticos Getulio Vargas e Luiz Carlos Prestes e o maestro Villa-Lobos. No prefácio dessa obra, Luís Fernandes, diretor científico da Faperj (Fundação de Amparo à Pesquisa do Estado do Rio de Janeiro) e professor do Instituto de Relações Internacionais da PUC-Rio, escreve que o clube ajudou a romper com a estrutura elitista e racista do futebol dos anos 1920 e ressalta:

São Januário: um palco para craques e políticos.

– Não há exagero em afirmar que a arquitetura de São Januário desenhou muito mais do que um estádio de futebol. Desenhou a própria história do Brasil.

De acordo com o que os pesquisadores Clara e Hamilton Malhano ressaltaram na conclusão do trabalho, a utilização desse espaço esportivo nas concentrações cívicas, culturais e políticas – freqüente no Estado Novo – torna-o uma espécie de testemunha de um rico período da história nacional. Uma espécie de arena em que cidadãos de diversas classes e origens se reuniam sob a liderança de Getulio Vargas, que agia como um mediador e pacificador de conflitos sociais e econômicos:

– O estádio São Januário contribuiu para legitimar a vinculação jurídica dessa igualdade cidadã ao Estado Novo. ...Parece que esse foi o principal papel desempenhado pelo Clube de Regatas Vasco da Gama: o de mediador entre indivíduos e o Estado Novo – escrevem os autores.

Em 1927, ano da inauguração de São Januário, o Flamengo conquistava o título de campeão da cidade, com o goleiro Amado e o ponta-esquerda Moderato, além do apoiador Flávio Costa, que se tornou mais famoso como técnico e dirigiu a seleção brasileira na Copa do Mundo de 1950. Na campanha, o rubro-negro obteve 11 vitórias, 2 empates e 3 derrotas, com 47 gols a favor e 32 contra. A equipe-base era formada por Amado, Hermínio e Haroldo; Benevenuto, Seabra (Frederico) e Flávio Costa; Cristolino, Vadinho, Fragoso (Nonô), Agenor e Moderato. O goleador do campeonato foi, porém, o alvinegro Nilo Murtinho Braga, com 30 gols.

Flamengo: o mais querido.

Também em 1927, o Flamengo ganharia um título extracampo. Um concurso promovido pela água mineral Salutaris e pelo Jornal do Brasil visava descobrir qual o clube mais querido do Rio. Caberia aos torcedores preencher cupons publicados pelo jornal e enviá-los à sede da publicação. Na época, para garantir o triunfo do Vasco, torcedores e sócios compravam várias edições do jornal para enviar à redação.

Segundo Edilberto Coutinho em seu livro *Nação rubro-negra*, torcedores do Flamengo armaram um estratagema. Passando-se por vascaínos e chegando a imitar o sotaque de portugueses, alguns rubro-negros ficaram na entrada da sede do jornal recolhendo votos para o Vasco. Entretanto, em vez de os entregarem para o concurso, foram jogando os cupons nas latrinas e nos fossos dos elevadores. Quando foi feita a contagem geral dos votos, o Flamengo foi eleito o Mais Querido e recebeu a Taça Salutaris, levada em triunfo para sua sede.

– Os do Vasco ...caíram na besteira de divulgar o episódio, achando que com isso iriam atingir a popularidade, real, do Flamengo. Foi

Chacrinha da Marquesa

pior para o Vasco. O Mengo se safou da coisa numa boa, sem um arranhão sequer na sua imagem. Ao contrário. Ganhou. ...Subiu no conceito de todos, especialmente do carioca das ruas, do zé-povinho do Rio de Janeiro que admira sem restrições o esperto – relata Coutinho em *Nação rubro-negra*.

No ano seguinte, em 1928, o América assegurou o título de campeão carioca. Em 18 partidas, foram 13 vitórias, 4 empates e 1 derrota, para o Flamengo. A equipe rubra, do atacante Oswaldinho e do apoiador Floriano, marcou 56 gols e sofreu 24. Dirigido por Jayme Barcelos e Antônio de Paiva, o time-base foi formado por Joel, Penaforte e Hildegardo; Hermógenes, Floriano e Walter; Gilberto, Oswaldinho (Sobral), Mineiro, Telê e Miro.

Trabalhadores do Brasil

22

Hoje em dia é comum a comissão técnica e a torcida de uma equipe que está em campo acompanhar, pelo rádio de pilha, o resultado de uma outra partida que lhe interessa e até vibrar quando o adversário direto sofre um gol. Mas, em 1931, a realidade era bem diferente. Naquele ano, o América demorou a saber que havia sido campeão carioca, beneficiado por uma derrota vascaína. Como não havia transmissões esportivas pelo rádio, os atletas e os dirigentes americanos só puderam festejar quando souberam do insucesso do Vasco pelo telefone.

O time de São Januário chegara à última rodada com um ponto de vantagem sobre o América. Mas deixou o título escapar ao perder em casa para o Botafogo, por 3 x 0. No mesmo horário, o América derrotou, em casa, em Campos Salles, o Bonsucesso por 3 x 1 e conquistou o troféu.

Antes da temporada, o favorito era o Botafogo, campeão de 1930. Apesar disso, o alvinegro não fez frente à equipe rubra. O Vasco liderava a competição, mas ao excursionar à Europa perdeu o

Futebol Brasil Memória

goleiro Jaguaré e o apoiador Fausto – contratados pelo Barcelona, da Espanha, onde o esporte já era profissional, ao contrário de no Brasil –, o que prejudicou o desempenho do time.

O América soube se aproveitar dos problemas enfrentados pelo Vasco para assegurar o título conquistado no campo, mas só comemorado depois do telefonema da vitória. A campanha americana incluiu 13 vitórias, 2 empates e 4 derrotas, com 48 gols a favor e 26 contra. O time-base era: Silvio, Lázaro e Hildegardo; Hermógenes, Almeida e Mário Pinto; Alemão, Zezinho, Carola, Telê e Adalberto. O vascaíno Russinho foi o artilheiro, com 17 gols.

O América atende ao telefonema da vitória.

Antes disso, em 1929, o capitalismo internacional era goleado pela crise econômica e política que resultaria da Quebra da Bolsa de Nova York. No Brasil, país essencialmente agrícola, com economia baseada na produção de café e de leite, a fase difícil também se faria sentir, com o desemprego e a redução de oportunidades.

Paralelamente e provavelmente em conseqüência desse vazio nos bolsos, o mundo ocidental entrou em crise de mentalidade e de valores. Com isso, a década de 1930 se tornou fértil para o surgimento de regimes autoritários, que jogavam a democracia no lixo.

Nesse período pós-1929 surgiram o fascismo italiano, o nazismo na Alemanha, o franquismo na Espanha, o regime salazarista, em Portugal, e o Estado Novo, no Brasil.

O Estado Novo foi criado em 1937 pelo revolucionário e militar gaúcho Getulio Vargas, provavelmente o primeiro político importante da história do Brasil a perceber quanto o futebol poderia representar como objeto de manipulação do poder na cidade e no país.

Àquela época, essa modalidade já era muito popular no Brasil, e Getulio Vargas soube tomar partido disso, aproximando-se das massas em

Trabalhadores do Brasil

grandes concentrações cívicas no estádio do Vasco, em São Januário. Na época, o Rio ainda era a capital federal e principal cenário do teatro político. No estádio vascaíno, o presidente anunciaria a criação do salário mínimo, em 1º de maio de 1940, e a Consolidação das Leis Trabalhistas, em 1º de maio de 1943.

Getulio Vargas assumiu o poder na Revolução de 1930, comandada por ele, pondo fim à República Velha. No futebol do Rio, quem dominava era o Botafogo, campeão daquela temporada, e na política o presidente era Washington Luiz.

Derrotados nas eleições presidenciais por Júlio Prestes, Getulio Vargas e seus partidários da Aliança Liberal suspeitaram de fraude e buscaram uma maneira de chegar ao poder. Com o assassinato, em junho, no Recife, de João Pessoa, candidato a vice de Vargas, e com a crise cafeeira, a insatisfação aumentou. Os revolucionários tomaram o poder, e o então presidente Washington Luiz, em final de mandato, foi preso e enviado para o exílio na Europa, assim como Júlio Prestes. Em novembro de 1930, Vargas foi aplaudido em sua chegada ao Rio, e seus comandados amarraram seus cavalos no obelisco localizado no final da Avenida Rio Branco, no Centro da então capital federal.

Cavalos amarrados a um obelisco em plena Avenida Rio Branco. Era a Revolução de 1930.

Em 1932, depois da pressão causada pela Revolução Constitucionalista de São Paulo, Vargas convocou uma Assembléia Constituinte, que o elegeu presidente em 1934 para governar até 1938, quando deveria haver eleições. Mas, em 1937 - ano da pacificação do futebol carioca, em que as duas ligas se uniram numa só -, ele aplicou um golpe, implantando o Estado Novo. No novo regime, passou a governar com plenos poderes, fechando o Congresso Nacional, reduzindo a autonomia dos estados e centralizando em suas mãos o comando da nação. Getulio Vargas baixou uma constituição autoritária, elaborada por seu grupo

Futebol Brasil Memória

Na ideologia do Estado Novo: nacionalismo, carnaval e futebol.

político, e não por uma Assembléia Constituinte, e permaneceu no poder até 1945, quando foi deposto e ocorreu a redemocratização.

O Governo de Vargas se caracterizou pelo incentivo à industrialização e pela intervenção do Estado na economia. O câmbio era controlado e as importações eram selecionadas. Para ter o domínio sobre o comércio do café, o Estado determinou até a queima de sacas estocadas e a destruição de plantações, ao mesmo tempo em que incentivava novos plantios. O governo chegou a adquirir 49 milhões de sacas de café, tendo queimado 23 milhões delas. Com a redução da oferta do grão, seu preço subia no mercado internacional.

No regime varguista, em 1932, foram cunhadas as moedas chamadas vicentinas, em referência aos quatrocentos anos da fundação de São Vicente (SP), primeiro município do país. Entre 1935 e 1939, foi lançada uma série com as efígies de Regente Feijó, Padre Anchieta, Duque de Caxias, Almirante Tamandaré, Mauá, Carlos Gomes e Oswaldo Cruz. A moeda ainda era o real, mas conhecido como milréis. O cruzeiro só entraria em vigor em 1942.

Ao mesmo tempo em que suspendeu o pagamento da dívida externa em 1937, Vargas conseguiu atrair investimentos norte-americanos, por exemplo, na construção da Companhia Siderúrgica Nacional (CSN), de Volta Redonda. Pelo apoio econômico norte-americano, Vargas deixou de lado sua simpatia pelo nazifascismo (regime autoritário como o Estado Novo) e entrou na Segunda Guerra Mundial, em 1942, junto com os Aliados e contra o Eixo formado por Alemanha, Itália e Japão.

Na ideologia getulista prevaleciam o nacionalismo e a valorização de tudo o que fosse genuinamente brasileiro, como o Carnaval, o futebol e a mistura de raças. Vargas gostava de passar à população brasileira a imagem de pai dos pobres e amigo da classe operária, à qual se dirigia em discursos com a saudação "Trabalhadores do Brasil".

Trabalhadores do Brasil

Ele tinha uma postura de favorecimento da educação e incentivo a ela, como pode ser visto neste texto:

- Educar não é apenas transmitir conhecimentos ou conferir diplomas de capacidade intelectual. O processo educativo mais adequado às nossas condições sociais é o que consiste na preparação equilibrada do espírito e do corpo, transformando cada brasileiro em fator consciente e entusiasta do engrandecimento pátrio.

O futebol se encaixava na estratégia de Vargas de conquistar e ampliar o apoio popular. Ele se firmava em definitivo como o esporte das grandes massas no país e como um produto tipicamente brasileiro. Desde meados dos anos 1930, antes mesmo de implantar o Estado Novo, o presidente tomava parte em concentrações cívicas em São Januário. Em datas especiais, o estádio era local de congressos estudantis e concentrações de trabalhadores no Primeiro de Maio.

> O futebol fazia parte da estratégia de Vargas para obter apoio popular.

Tudo isso era motivo para que Vargas entrasse no estádio lotado em carro aberto, acenando para o público nas cadeiras e na arquibancada, antes de subir à tribuna de honra, de onde discursava. Em muitos desses eventos, o maestro Villa-Lobos regia orquestras e corais de canto orfeônico. Vargas era, além de chefe da nação e do Estado, uma figura mítica – cultuada até hoje. Essas manifestações eram uma espécie de culto a esse ídolo político, e o estádio vascaíno se tornava seu templo.

Segundo os pesquisadores Clara e Hamilton Malhano, sobre esse estádio, no getulismo as concentrações cívicas assumiam papéis especiais, de uma celebração da brasilidade:

- A ideologia da era Vargas tinha como estratégia sociopolítica dispor diferentes estratos da população, confrontando-se em uma única celebração. Dessa maneira oferecia, ao aglomerado humano, condições e a oportunidade de se constituir em uma massa, para a

> O rádio aumenta a penetração junto ao povo, explorando música e futebol.

qual o espetáculo era conveniente – como uma fábrica de consenso que despertava no indivíduo o sentimento de pertencer ao mesmo povo, à mesma nação –, escreveram eles, alertando que tudo isso visava fazer com que essa massa aderisse ao regime.

Nos anos 1930, a população urbana das maiores capitais brasileiras ia crescendo, e com isso se intensificavam as tensões no mundo do trabalho, por causa da industrialização, e no mundo político, pelo fechamento do regime. A classe operária se tornava mais volumosa, e conseqüentemente mais propensa a se sentir explorada ou marginalizada do processo político. São dessa época a Revolução Constitucionalista de 1932, em São Paulo, e a Intentona Comunista, de 1935, ambas combatidas e vencidas pelo Governo.

No aspecto social faltavam habitações, e as favelas cresciam. O ensino, as ciências, as artes, o cinema, a literatura e a imprensa se desenvolviam, embora houvesse censura às publicações. O rádio aumentou sua penetração junto às massas, explorando em suas programações a música e o futebol. O Governo favoreceu a profissionalização das artes e do futebol. Este último se tornaria profissional no país em 1933, durante o regime de Vargas. Em meados dos anos 1930, jogadores como Leônidas da Silva, por exemplo, se tornariam celebridades nacionais.

No aspecto cultural, em setembro de 1930, a brasileira Yolanda Pereira ganhou, no Rio, o concurso de *Miss* Universo, sendo aclamada como a mulher mais bonita do mundo. Curiosamente, também naquele 1930, os cariocas puderam ver nos céus da cidade o dirigível alemão Zeppelin, que media 235 metros de comprimento por 30 metros de diâmetro. Fora o primeiro dirigível a cruzar a linha do equador na inauguração da ligação aérea entre a Europa e o Brasil.

Trabalhadores do Brasil

Em julho de 1930, no Uruguai, o Brasil disputava a primeira Copa do Mundo. Por uma briga interna entre a Confederação Brasileira de Desportos (CBD) e a Associação Paulista de Esportes Atléticos (Apea), os jogadores de São Paulo não foram convocados. O motivo da crise foi o fato de a CBD não ter incluído sequer um paulista na comissão técnica. Em represália, a Apea alegou que não poderia enviar seus atletas porque todos eram pais de família, tinham compromissos assumidos e não poderiam deixar suas casas assim, de uma hora para outra. A única exceção foi o atacante Araken Patusca, que era do Santos, mas estava brigado com o clube (no Rio atuaria mais tarde pelo Flamengo). Sem os artilheiros Friedenreich, do Paulistano, e Feitiço, do Santos, o Brasil perdeu para a Iugoslávia por 2 x 1 e, já eliminado, venceu a Bolívia por 4 x 0.

— A seleção brasileira foi enfraquecida à Copa do Mundo de 1930. Na Primeira República ou República Velha (antes da Revolução de Vargas), São Paulo predominava em tudo no país, menos no futebol, que era comandado pelo Rio. Friedenreich jogou futebol até 1930, mas não foi à Copa, porque os clubes paulistas não liberaram seus jogadores. A seleção que foi ao Mundial era formada por atletas de clubes da cidade do Rio de Janeiro (então Distrito Federal) e do antigo Estado do Rio, incluindo jogadores do Americano de Campos, e do Canto do Rio e do Ypiranga, ambos de Niterói – narra Ivan Soter, autor do livro *Enciclopédia da seleção: as seleções brasileiras de futebol, 1914-1994*.

Apesar do insucesso, comemorado por alguns torcedores mais radicais em São Paulo – já que havia apenas um paulista na seleção –, o elenco teve como seu principal destaque o médio (apoiador) Fausto, que fora revelado pelo Bangu, mas que à época atuava pelo Vasco. Boêmio, apaixonado por qualquer roda em que houvesse música e cachaça,

Boêmio, apaixonado por música e cachaça, Fausto é a Maravilha Negra.

Preguinho: um grande atleta no futebol, atletismo, vôlei, basquete e na natação.

Fausto foi o melhor jogador brasileiro no mundial no Uruguai, onde ganhou o apelido de Maravilha Negra, por sua esmerada técnica.

De acordo com o que o jornalista Anélio Barreto escreveu no dia 10 de julho de 2005, no Estado de S. Paulo, Fausto, em uma conversa com o massagista Johnson, parecia prever que a seleção não brilharia:

– Perder não é feio, Johnson. Feio é ter medo. Olha, Johnson, eu já estou ficando desconfiado de que a nossa turma é meio frouxa. Acho até que não é de frio que alguns tremem – dizia Fausto, desconfiado de que o time iria se acovardar no Uruguai.

Na volta ao país alguns jogadores daquela seleção elaboraram desculpas para justificar o fracasso brasileiro. Segundo a reportagem de Barreto, Araken disse ter tido problemas com o frio. Nilo, atacante do Botafogo, se queixou da qualidade da comida; Teófilo, do São Cristóvão, responsabilizou a falta de conjunto do time, e Poly, atacante do Americano de Campos, reclamou da violência dos iugoslavos. Fausto, que dizia o que pensava, declarava em entrevista ao jornal A Noite, em julho de 1930, que Araken jogava como uma bailarina; Nilo parecia fugir da bola; Poly tinha medo até da sombra, e Teófilo não se aproximava tanto da área quanto deveria.

– Houve uns momentos em que pensei em ir ajudar o Prego (o atacante Preguinho), lá na frente. Mas como sou preto, se eles fizessem mais um gol, iam dizer que o culpado era eu – afirmava Fausto na ocasião.

Preguinho, a quem Fausto chamava carinhosamente de Prego, era o atleta João Coelho Neto, filho do escritor Coelho Neto e atleta do Fluminense, que defendera não só no futebol, mas também no atletismo, no vôlei, no basquete e na natação.

Também de acordo com Barreto, do Estado de S. Paulo, num mesmo dia, em 1925, Preguinho teria nadado seiscentos metros, ajudando o tricolor a conquistar o tricampeonato estadual de natação, e depois teria ido de táxi para enfrentar o São Cristóvão no futebol e ajudar o mesmo Fluminense a vencer o Torneio Início (torneio de abertura da temporada, no qual havia várias partidas curtas na mesma tarde). Capitão da seleção, Preguinho foi o autor do primeiro gol da equipe brasileira em Copas, em 1930, na derrota de 2 x 1 para os iugoslavos. Na segunda partida do mundial marcou duas vezes nos 4 x 0 sobre os bolivianos. Acabou sendo o artilheiro do Brasil na competição, com três gols. Apesar de ser um multiatleta, Preguinho – totalmente avesso ao profissionalismo – era mesmo amante do futebol, como ele próprio dizia:

– Aquela bola de couro sempre me atraiu mais e me dava emoção maior.

O Botafogo encerra jejum de títulos em 1930.

Um ano antes de Vargas assumir o poder, o Vasco se sagrava campeão carioca de 1929, após uma melhor de três com o América. Depois de empates em 0 x 0 e 1 x 1, o Vasco conquistou o título com uma goleada de 5 x 0 sobre os rubros, em São Januário. À época, os vascaínos contavam com uma grande equipe cuja escalação até torcedores mais jovens que sequer a viram atuar sabem de cor: Jaguaré, Brilhante e Itália; Tinoco, Fausto e Mola; Pascoal, Oitenta e Quatro, Russinho, Mário Matos e Santana. Desse grupo, figuravam na seleção brasileira o acrobático goleiro Jaguaré, os zagueiros Brilhante e Itália, o centromédio Fausto e os atacantes Pascoal e Russinho. Vários jogaram a Copa do Uruguai. A campanha incluiu 15 vitórias, 7 empates e 1 derrota, com 60 gols a favor e 24 contra. O técnico era o inglês Harry Welfare, e o artilheiro do campeonato foi Russinho, com 23 gols (empatado com Telê, do América). Muito popular na época, ganhou um carro por ter sido o melhor jogador do Rio num concurso promovido por uma marca de cigarros.

Em 1930, o Botafogo – que não vencia o campeonato desde 1912, ano da cisão em que sagrou-se campeão na Associação de Football (e o Paysandu foi vitorioso na Liga Metropolitana de Sports Athleticos) – conseguiria quebrar o jejum. Renovando a equipe com Germano, Martim Silveira, Paulinho Goulart e Carvalho Leite, o alvinegro venceu 15 jogos, empatou 2 e perdeu 3. Seu ataque fez 60 gols e a defesa sofreu a metade. Carvalho Leite foi artilheiro, com 14 gols. A equipe-base era formada por Germano, Benedito e Otacílio; Burlamaqui, Martim Silveira e Pamplona; Ariza, Paulinho, Carvalho Leite, Nilo e Celso.

Crise dos anos 1930
23

O vendaval do profissionalismo varreu o futebol carioca e brasileiro nos anos 1930. Depois do amadorismo marrom das décadas de 1910 e 1920, a tendência era a de que os atletas se tornassem profissionais. Mas esse processo não foi tão rápido. Curiosamente, o profissionalismo chegou aos clubes porque alguns dos grandes craques brasileiros daquele tempo se profissionalizaram fora do país. Casos, por exemplo, de Fausto e Jaguaré, do Vasco, que ficaram no Barcelona durante uma excursão do clube à Europa, em 1931. No mesmo período, Fernando Giudicelli, do Fluminense, descendente de italianos, se transferiu para o futebol da Itália.

Outros destaques que deixaram o Brasil foram Domingos da Guia e Leônidas da Silva, que, como profissionais, foram para o futebol uruguaio, em 1932, após a conquista pela seleção brasileira da Copa Rio Branco (jogada com o Uruguai), em Montevidéu. Leônidas seguiu para o Peñarol. Domingos foi para o Nacional de Montevidéu. Foi campeão do Uruguai em 1933, ao lado do zagueiro Nazassi (bicampeão olímpico em 1924 e 1928 e da Copa do Mundo, em 1930, pela seleção uruguaia). Voltou ao Brasil, no Vasco, em 1934. Depois do título carioca, foi para o Boca Juniors, da Argentina, onde também ajudou a ganhar o troféu nacional. Com isso, Domingos alcançou o feito de ter sido campeão em três países diferentes em pouco mais de um ano.

Filho de craque nem sempre é craque. Domingos, porém, além de grande jogador, deu ao futebol do Brasil um legítimo herdeiro: o ex-apoiador Ademir da Guia, do Bangu, do Palmeiras e da seleção brasileira. Filho do falecido zagueiro, Ademir, nascido em 1942, conta ter visto o pai jogar no final da década de 1940 pelo Corinthians. Domingos encerrou a carreira em 1948.

Ademir da Guia: craque e filho de craque.

— As pessoas falavam muito da categoria dele, da habilidade, do fato de ele ter ganhado três títulos seguidos em três países. Ele me falava muito dos duelos que travou com Leônidas. Ele pelo Corinthians e Leônidas pelo São Paulo. Ele me contava dos títulos pelo Flamengo e lembrava que ele e Leônidas haviam jogado juntos. Lembrava-se também do Tim (do Fluminense) e do Zizinho (que apareceria nos anos 1940 e 1950, brilhando por Bangu, Flamengo, São Paulo e seleção brasileira) – conta Ademir da Guia.

Segundo o ex-palmeirense, o episódio que seu pai considerava o mais marcante de sua carreira era o do pênalti cometido no italiano Piola, na semifinal da Copa do Mundo de 1938, na França. O Brasil perdeu o jogo por 2 x 1 e deixou de ir à final, terminando em terceiro:

— Ele fez o pênalti quando a bola não estava em jogo. Meu pai se lamentava por ter feito aquilo. Lembrava que havia revidado a uma agressão e achava que o normal teria sido o juiz expulsar os dois, mas não dar um pênalti.

As lembranças mais claras de Ademir em relação ao futebol são posteriores à década de 1950, com a geração de Pelé, campeã do mundo em 1958. Entretanto, o ex-craque reverencia os contemporâneos do pai.

Crise dos anos 1930

Aquela geração entre os anos 1920 e 1940 lançou a base do futebol brasileiro que conhecemos hoje. Acho até que havia mais craques ainda. Depois deles, veio a época de Ademir Menezes e Barbosa, que infelizmente perderam a Copa do Mundo de 1950, no Rio. Foi uma fatalidade... Mas já na Copa de 1938, na França, o Brasil poderia ter ido à final, mesmo tendo um futebol com uma estrutura pequena. Craques sempre houve no Brasil – arremata.

O tetra para o Botafogo em 1935.

Em 1933, por causa da questão do profissionalismo, ocorreram cisões no futebol do Rio e de São Paulo. Por isso, entre 1933 e 1937, em cada uma dessas cidades há duas ligas, dois campeonatos, dois clubes campeões. No caso do Rio, existiam a Associação Metropolitana de Esportes Athleticos (Amea), amadora, e a nova Liga Carioca de Futebol (LCF), profissional, cada qual com sua competição.

Em dezembro de 1934, Botafogo, Vasco, Bangu, São Cristóvão, Andaraí, Olaria, Carioca e Madureira resolveram fundar a Federação Metropolitana de Desportos (FMD), que substituiu a Amea. Em paralelo, continua a existir a LCF, com destaque para América e Fluminense.

A Amea e depois a FMD eram subordinadas à Confederação Brasileira de Desportos (CBD), e esta, por sua vez, à Federação Internacional de Football Association (Fifa). A LCF, que defendia o profissionalismo, era vinculada à Federação Brasileira de Futebol (FBF).

Os alvinegros ganharam o tetracampeonato de 1932 (na Amea, antes da cisão), 1933 e 1934 (Amea) e 1935 (FMD). Em 1936, o campeão da FMD foi o Vasco. Na LCF, os vencedores variaram mais. Em 1933, foi o Bangu; em 1934, o Vasco; em 1935, o América, e em 1936, o Fluminense.

No ano de 1932, antes da cisão, o Botafogo venceu o campeonato com time formado por Victor, Benedito e Rodrigues; Afonso Carneiro, Martim Silveira e Canali; Álvaro, Paulinho (Almir), Carvalho Leite,

Futebol Brasil Memória

Nilo e Celso Mourinha. Ao todo, foram 14 vitórias, 6 empates e 1 derrota para o América. Os alvinegros fizeram 59 gols e tomaram 24. O artilheiro, porém, foi o tricolor Preguinho, com 21 gols.

Em 1933, na liga amadora, a Amea, o alvinegro foi campeão com 12 vitórias, 4 empates e 2 derrotas, 50 gols a favor e 27 contra. O time-base alvinegro era Victor, Rogério e Vicente; Afonso, Ariel e Pamplona; Cartolano, Nilo, Carvalho Leite, Jaime e Pirica. O artilheiro do campeonato foi o alvinegro Nilo, com 19 gols.

Cinco equipes desistem de campeonato de 1934.

No ano seguinte, em 1934, novamente na Amea, o Botafogo tornou a levantar o título. Num campeonato confuso, 5 associações – Confiança, Engenho de Dentro, Cocotá, Brasil e River – desistiram da competição em andamento. O alvinegro Nilo foi novamente artilheiro, com 10 gols. A equipe formou com Victor, Albino e Vicente; Ferreira, Rogério e Long (Pamplona); Mourinha (Átila), Beijinho, Carvalho Leite, Nilo e Jayme. Na campanha, o time alvinegro obteve 12 vitórias, 4 empates e 2 derrotas.

Em 1935, a equipe da camisa preta e branca chegou ao tetracampeonato, na FMD, num campeonato diferente, em 3 turnos, quando o mais comum à época era o torneio em 2 turnos. Em 21 jogos, os alvinegros obtiveram 15 vitórias, 4 empates e 2 derrotas, com 70 gols a favor e 42 contra. Carvalho Leite, do Botafogo, foi o artilheiro, com 16 gols. O time-base era: Alberto, Albino e Nariz; Afonso, Martim e Canali; Álvaro, Artur, Carvalho Leite (Leônidas da Silva), Nilo e Patesco.

Em 1936, terminou o predomínio do Botafogo na FMD. O Vasco foi o campeão numa melhor de três na final com o Madureira. Cada equipe ganhou uma partida, e a decisiva foi jogada já em março de 1937, depois da disputa do Sul-americano e do Carnaval. Os vascaínos asseguraram o troféu com uma vitória por 2 x 1, 2 gols de Feitiço (ex-

Crise dos anos 1930

Santos) contra 1 de Bahia. O Vasco conseguiu 11 vitórias, 1 empate e 4 derrotas, 33 gols a favor e 15 contra. A equipe campeã foi: Rei, Poroto e Itália; Calocero, Zarzur e Marcelino Perez; Orlando, Luiz de Carvalho, Feitiço, Kuko (Nena) e Luna. Carvalho Leite, do Botafogo, foi o goleador, com 15 gols.

No Brasil, até 1932, o futebol ainda era amador. Bastava um empresário vir da Itália, Espanha, Portugal ou mesmo da Argentina e do Uruguai para levar os maiores destaques do Rio e de São Paulo, uma vez que, com o amadorismo, estes não tinham qualquer vínculo com os clubes. Até então, o futebol era oficialmente amador no país, embora fosse claro que os maiores destaques recebiam gratificações.

Amadorismo permitia êxodo de atletas brasileiros.

De acordo com o *site* da Federação de Futebol do Rio, até 1932 os times cariocas eram amadores em sua estrutura e oficialmente não pagavam a seus atletas. Mas Fluminense, América e Bangu desejavam regulamentar tal situação a fim de promover a chamada moralização do esporte. O objetivo não-declarado, porém, era o de evitar o êxodo de jogadores para a Europa, como nos casos de Jaguaré e Fausto, em 1931, ou mesmo para a América do Sul, como Leônidas da Silva e Domingos da Guia, em 1932. Assim, apesar da polêmica entre os clubes e da oposição da imprensa, Fluminense, América e Bangu iniciaram um movimento em favor do profissionalismo no futebol. Além de adotá-lo, se fazia necessária uma nova liga ou entidade que em seus estatutos admitisse o regime profissional.

Em 29 de janeiro de 1932 era eleito para presidência da liga então existente, a Associação Metropolitana de Esportes Athléticos (Amea), Rivadávia Corrêa Meyer, que era contrário à mudança. Em 29 de agosto, o Fluminense promoveu em sua sede uma reunião para discutir o profissionalismo no Rio. No encontro, o Botafogo

Cisão racha o futebol brasileiro.

se manifestou contrário à idéia. Em outra assembléia, em janeiro de 1933, na sede do Botafogo, tomaram parte, além do anfitrião, Flamengo, São Cristóvão e Vasco, que temiam pela oficialização do profissionalismo e enviaram uma carta ao Fluminense afirmando, entre outras coisas, que o profissionalismo os levaria à ruína. Dias depois, em 23 de janeiro de 1933, quando da fundação da Liga Carioca de Futebol, o Vasco voltou atrás e aderiu ao profissionalismo, junto com Fluminense, América e Bangu. São Cristóvão e Botafogo preferiram permanecer no amadorismo, com a Amea. O Flamengo e o São Cristóvão, inicialmente, jogaram o torneio da Amea, mas acabaram se transferindo para a LCF. Era a cisão do futebol carioca. A LCF pleiteou à Confederação Brasileira de Desportos (CBD) seu reconhecimento como entidade dirigente do futebol profissional no Rio, mas tal pedido foi rejeitado pelo Conselho de Julgamentos da CBD, em 7 de abril. Com isso, a LCF e a Apea (Associação Paulista de Esportes Athléticos), já decididas a seguirem o profissionalismo, fundaram, em 26 de agosto de 1933, a Federação Brasileira de Futebol, sediada no Rio.

Naquele ano, sob o Governo de Getulio Vargas, que chegara ao poder na Revolução de 1930, o governo criou a profissão do jogador de futebol e os obrigou a se sindicalizar, como quaisquer outros trabalhadores.

Havia na época uma ideologia de construção de um novo Brasil. Não é à toa que, em 1937, ao dar um golpe, Vargas chamou o regime de Estado Novo. A identidade do povo seria a do mulato, e não mais a do brasileiro europeizado e branco do começo do século XX. As influências negra e indígena passaram a ser vistas como fundamentais nessa nova visão do país.

Na realidade, a profissionalização dos jogadores de futebol fazia parte de um movimento cultural e político mais amplo. O Estado era disciplinador, e tanto o futebol quanto o mundo artístico não poderiam ficar fora do controle do Governo Vargas.

Crise dos anos 1930

No que diz respeito à profissionalização brasileira, é válido um rápido passeio pela realidade dos vizinhos argentinos e uruguaios. Na Argentina, Thomas Hogg é considerado o pioneiro desse esporte. Em 1867, ele fundou o Buenos Aires Football Club. O futebol aportou, literalmente, nos navios ingleses que chegavam a Buenos Aires para a compra de carne de charque que era mandada para a Europa.

– Em 1880, 1890, começaram a chegar em Buenos Aires os primeiros navios-frigoríficos, que levavam para a Europa a carne, o trigo, outros tipos de grãos e matéria-prima. Nas horas vagas, os ingleses dos navios jogavam futebol nos terrenos baldios na área do cais do Porto. Os argentinos, vendo aquele esporte, os chamavam de gringos loucos. Essa foi a semente, porque, às vezes, para completar os times, os ingleses chamavam alguns rapazes de Buenos Aires – conta Manolo Epelbaum, jornalista argentino de 72 anos, radicado no Rio desde 1956.

Em Buenos Aires, "gringos loucos" dão os primeiros chutes.

Embora tenha começado seu trabalho depois de Hogg, quem fez na Argentina o papel de difusão do futebol como esporte de competição foi Alejandro Watson Hutton, escocês de Glasgow. Ele ensinava futebol e outras modalidades, tendo ajudado a fundar, em 1884, o clube Alumni (uma das primeiras forças desse esporte naquele país, na primeira década do século XX) e a Argentine Football Association, que deu origem, em 1934, à atual Asociación del Fútbol Argentino (AFA), a federação nacional desse esporte naquele país. Segundo Epelbaum, o futebol se desenvolveu mais ou menos ao mesmo tempo e da mesma forma também no Uruguai. Há notícias de amistosos entre argentinos e uruguaios já em 1889.

Assim como chegou à Argentina e ao Uruguai antes do Brasil, o futebol se profissionalizou mais cedo por lá. Na Argentina, passou a ser profissão em 1926, sete anos antes do Brasil. Desde meados da década de 1920, já se pagavam gratificações aos atletas. Curiosamente,

entre os anos 1920 e 1940, atletas do Uruguai e da Argentina vinham se apresentar por equipes do Rio e de São Paulo, obviamente recebendo dinheiro, primeiro no amadorismo marrom e, depois, no profissionalismo. Era o chamado platinismo, expressão originária do Río de la Plata, o Rio da Prata, que banha esses dois países.

Em 1931, a contratação, pelo River Plate, do atacante Bernabé Ferreyra, por muito dinheiro, foi considerada o marco definitivo do profissionalismo na Argentina. Por causa disso, o River e seus adeptos ganharam o apelido que mantêm: milionários. Mais ou menos como aconteceria com Leônidas da Silva no Brasil, também nos anos 1930, Bernabé virou celebridade. Tornou-se amigo do famoso cantor de tangos Carlos Gardel e participou de filmes, mudando a face do profissionalismo naquele país. Os jogadores deixavam de ser estrelas dos campos para serem personalidades nacionais. Até 1934, havia no país duas ligas, uma profissional e outra amadora, que se uniriam para formar a Associación del Fútbol Argentino (AFA). No Uruguai, o profissionalismo foi adotado de 1931 para 1932, ano em que o Nacional contratou Domingos da Guia, e o Peñarol, Leônidas da Silva.

Pela entrada de serviço
24

A última temporada da história do futebol do Rio em que houve cisão entre ligas profissional e amadora foi a de 1936. O Fluminense foi campeão na Liga Carioca de Futebol, a LCF, profissional, depois de uma melhor de três com o Flamengo. Seria o primeiro dos 3 títulos do tricampeonato de 1936 a 1938. Em 1936, o tricolor obteve 11 vitórias, 5 empates e 2 derrotas, 57 gols a favor e 16 contra. O artilheiro do campeonato foi Hércules, do Fluminense, com 23 gols.

Naquele ano foram necessários três Fla-Flus para decidir o campeonato, todos no estádio das Laranjeiras. Foi uma disputa dramática, já que tanto o Fluminense quanto o Flamengo enfrentavam incômodos jejuns de títulos. O tricolor não ganhava um campeonato desde 1924, e o rubro-negro, desde 1927. Ambos haviam investido. Nas Laranjeiras estava quase toda a seleção paulista, com Batatais, Guimarães, Machado, Orozimbo, Romeu, Lara e Hércules. O Flamengo, por sua vez, levara para a Gávea: Domingos, Fausto e Leônidas da Silva, três craques e todos negros, rompendo com barreiras que o clube ainda

Futebol Brasil Memória

vivia na época. No primeiro clássico decisivo, 2 x 2. No segundo, goleada tricolor por 4 x 1, e, no último, empate de 1 x 1, com gols de Marcial, para o Fluminense, e de Leônidas da Silva para o Flamengo. A equipe tricolor, praticamente a seleção paulista, formava com Batatais, Guimarães e Machado; Marcial, Brant e Orozimbo; Mendes (Sobral), Lara, Russo (Vicentino), Romeu e Hércules.

No profissionalismo, Flamengo rompe barreiras e se populariza.

Em 1936, três anos depois do profissionalismo, o Flamengo se populariza. Elitizado até então, o clube rubro-negro se abre por iniciativa do presidente Bastos Padilha, que no regime profissional consegue romper barreiras internas e contrata ídolos negros – como Leônidas da Silva, Domingos da Guia e Fausto –, até então não bem-vistos na Gávea. Como profissionais, esses grandes craques entraram no Flamengo – antes também restritivo em relação a negros e a atletas de origem humilde – para fazer dele o que é hoje: o clube de maior torcida no país, especialmente identificado com as classes mais baixas.

Edilberto Coutinho escreve em *Nação rubro-negra* que, com o profissionalismo, clubes que ainda relutavam em contar com negros e pobres em suas equipes passaram a fazê-lo.

– Somente na década de 1930, com o pleno profissionalismo, será a vez definitiva do preto em campo – escreve ele, acrescentando que os atletas negros transformariam o tedioso estilo britânico.

– Com suas firulas e meneios elegantes, sinuosos, um Leônidas, traçando no ar arabescos arrepiantes, arrebata, deslumbra, surpreende. Desequilibra. O Brasil impõe seu estilo. Inova. Aprova. Nossos jogadores não precisavam ser robustos. ...Só precisavam ter isto: gênio. E inventar – completa Coutinho, para o qual coube aos negros criar o estilo brasileiro que iria encantar o planeta a partir de 1938 na Copa do Mundo da França.

Pela entrada de serviço

Em 1931, pouco antes da profissionalização, Leônidas da Silva, então no Bonsucesso, esteve cotado para ser transferido para o América. Entretanto, por uma série de motivos – entre os quais uma denúncia jamais comprovada de que ele teria furtado uma jóia de uma senhora, em Santos –, o craque acabaria ficando no Bonsucesso. Mais tarde, ele iria para o futebol uruguaio, e só em 1934 jogaria pela primeira vez num clube grande, o Vasco. De personalidade forte, o craque analisava, em 1931, em entrevista a O Globo, o panorama racial do futebol brasileiro. Na época, o jogador Manteiga, mulato, também do América, dera baixa da Marinha na esperança de se integrar ao clube rubro. Houve muita polêmica, alguns sócios deixaram a equipe da Rua Campos Salles e o jogador acabou encerrando a carreira e se entregando ao alcoolismo, na Bahia. Outros casos de negros e mulatos rejeitados em clubes grandes foram os de Telê (não confundir com Telê Santana), que era do Andaraí, e Almeida, do Sírio e Libanês.

O drama do mulato Manteiga.

– O elemento de cor (negro) que entre num grande clube nunca é bem recebido. O único clube grande que recebe com simpatia esses elementos é o Vasco. Citaria o caso de Fausto, Jaguaré, Tinoco e tantos outros. Porém, nos outros grandes teams, o elemento negro não muda de cor. É um negro... Portanto, é melhor ficar onde se é cercado de consideração. E é por isso que eu ficarei no Bonsucesso – afirmava a O Globo o futuro astro internacional.

Os anos 1930 traziam uma revolução ao futebol do país, que romperia de vez, meio a contragosto, é verdade, as amarras que o mantinham preso ao amadorismo, que – junto a esse sentimento respeitável de puro amor a uma modalidade – carregava terríveis grilhões de preconceitos raciais e sociais. Embora pela entrada de serviço e sem ser perfeito, obviamente, o profissionalismo permitiria que homens negros e não tão ricos quanto os primeiros adeptos do futebol, no

Futebol Brasil Memória

final do século XIX, realizassem o sonho de se tornarem atletas e de ganharem a vida jogando bola.

A profissionalização foi tensa. O amadorismo, com sua tradição de cavalheirismo, era forte. Antes, atletas de condição social considerada inferior ou com profissões consideradas menores ou subalternas não poderiam jogar nas grandes equipes. Agora, nesse momento de profissionalização, os rapazes negros e de origem mais humilde passavam a ser aceitos. Não como sócios, mas sim como profissionais, com todos os deveres de um trabalhador. Entravam por um portão diferente, pela entrada de serviço, e não podiam freqüentar as dependências da sede social.

Naquela época, o regime profissional foi uma solução não só ao fato de os jogadores brasileiros estarem indo para fora do país como também para pôr um fim ao amadorismo marrom. Entretanto, não foi apenas isso, como comenta Milton Mandelblatt, dirigente e pesquisador da memória do Fluminense:

> Alguns clubes preferiram acabar com o futebol a ter de aceitar pobres.

– Havia uma ascensão dos negros no futebol. A sociedade era muito preconceituosa. Clubes como Vasco e América haviam começado a escalar negros. Botafogo, Flamengo e Fluminense, os clubes da Zona Sul, não quiseram fazê-lo. Os jogadores desses clubes eram amadores e sócios. Havia uma discriminação grande contra os negros, e uma das saídas foi o profissionalismo. Com esse regime, os jogadores eram empregados, mas não sócios. O último a aceitar negros foi o Flamengo. Era o espírito da época, porque a Abolição da Escravatura havia sido algo recente, em 1888. Se ainda hoje existe preconceito, imagine como era naquela época.

Em sua obra *Subterrâneos do futebol*, o falecido cronista esportivo João Saldanha relacionava os clubes que antes do profissionalismo – alguns até depois – continuavam fechados à entrada de atletas afrodescendentes e de atletas de classes sociais mais baixas:

Pela entrada de serviço

– No Rio de Janeiro, Fluminense, Botafogo e Flamengo não admitiam de forma alguma que negro vestisse sua camisa. ...Em São Paulo, o Palmeiras resistia. O Paulistano, clube do Jardim Paulista, preferiu fechar sua seção de futebol a ter de aceitar preto em seu time. No Rio Grande do Sul, o Grêmio Porto-alegrense também era intransigente. No Paraná, o Atlético e o Coritiba não aceitavam os negros. Em Minas, Atlético e América; na Bahia, o Bahiano de Tênis, que procedeu como o Paulistano: fechava, mas não transigia. Em Pernambuco, o Náutico; no Ceará, o Maguari; no Pará, o Remo, e assim por diante: em cada estado da Federação havia clubes aristocráticos que não deixavam os pretos jogarem.

Para Ricardo Lucena, doutor em Educação Física pela Universidade Estadual de Campinas (Unicamp) e professor da Universidade Federal da Paraíba, quando o futebol era altamente elitizado no Brasil, nos anos 1910 e 1920, os mais pobres souberam tomar posse do fascínio desse esporte, mesmo contra a vontade das elites.

– O povo se apropriou do futebol na forma de jogar, e por isso surgiram atletas como Friedenreich e Leônidas da Silva. A profissionalização foi o caminho possível para ampliar a relação com as classes não-favorecidas. O amadorismo era o momento da prática do futebol pelo deleite e se restringe a um período. A época do profissionalismo é a de uma relação com a vida; o esporte era um meio de sobrevivência. Sem o profissionalismo o futebol brasileiro não teria crescido tanto – analisa Lucena.

O estudioso Manoel Tubino, pesquisador da história do esporte e doutor em Educação Física, recorda que os conflitos entre desportistas amadores e profissionais datam de meados do século XIX. Segundo ele, o esporte começa a tomar forma entre 1820 e 1840 por influência

Conflitos entre atletas amadores e profissionais vinham desde o século XIX.

Futebol Brasil Memória

do pedagogo inglês Thomas Arnold, reitor – entre 1821 e 1841 – do Rugby College, na cidade do mesmo nome, onde se originou o rúgbi, como uma derivação do futebol association.

– Arnold institucionalizou os esportes com regras, campeonatos e campeões. Até então havia apostas, mas não havia campeões. Havia vencedores de desafios entre os participantes. Arnold é o pai do esporte moderno por institucionalizá-lo. Antes dele, não havia federação. No entanto, com Arnold passam a haver regras e clubes esportivos. O primeiro clube de atletismo do mundo é o Oxford College – narra Tubino.

Ele acrescenta que na segunda metade do século XIX o centro do mundo era a Europa, mais especificamente Inglaterra e França.

– Os aristocratas e a alta burguesia queriam o esporte para eles. Por isso, eles valorizavam o conceito do atleta amador. Só o rico praticaria esportes. O pobre, não. Falar em profissionalismo no esporte era uma ofensa. Quando se criou o movimento olímpico, na última década do século XIX, nele estava enraizado o conceito de amadorismo. Da mesma forma, o esporte era só para os homens. Nem se imaginava mulheres em disputas. Os primeiros líderes do movimento olímpico eram lordes, nobres. Os esportes que não aceitaram o amadorismo, como o rúgbi, o tênis, o futebol americano, o futebol gaélico, o futebol australiano e o beisebol, não entraram nas Olimpíadas. O esporte profissional teria grande aceitação nos EUA por ser um país pragmático e sem as tradições da nobreza (os EUA sempre foram uma república). Lá, eles buscavam mídia e dinheiro. Mas as idéias amadorísticas de Arnold contagiaram o começo do esporte e do futebol no Brasil – afirma Tubino, autor do livro *500 anos de legislação desportiva brasileira*.

A aristocracia queria o esporte só para ela.

Pela entrada de serviço

Numa linha de raciocínio semelhante, o jornalista inglês Aidan Hamilton, estudioso dos primeiros anos da história do futebol brasileiro, observa que a defesa do amadorismo no começo da trajetória do futebol brasileiro foi feita por Charles Miller, que dera início ao futebol de competição no país, no fim do século XIX.

– Na Inglaterra, havia profissionalismo, especialmente no Norte, desde 1880. Charles Miller jogou lá contra alguns profissionais. O Stoke City, por exemplo, era profissional. No Brasil, as opiniões dele contra o profissionalismo e a favor do amadorismo eram muito fortes. Ele dizia que só entendia o esporte como amador. Em 1928, ele declarou em uma entrevista: "Profissionalismo para mim não é esporte. Já tive a oportunidade de dar essa opinião no clube [São Paulo Athletic Clube] quando quiseram implantar o boxe." – narra Hamilton.

Miller queria, segundo o jornalista inglês, preservar o amadorismo no país.

– Provavelmente esse espírito do amadorismo, surgido em São Paulo com Miller, espalhou-se por outras partes do país, incluindo o Rio – completa Hamilton.

Autor do livro *Footballmania*, Leonardo Affonso de Miranda Pereira, doutor em História pela Unicamp, explica que o profissionalismo é tido como algo democrático, mas não era bem assim:

– O profissionalismo separava os jogadores do quadro social. Eles passavam de sócios a empregados do clube. A profissionalização tem a ver com uma contradição, porque os clubes mantinham, por meio do profissionalismo, seu caráter restrito – refinado –, ao mesmo tempo em que abriam as portas para os mais pobres, mas apenas como empregados, como profissionais – argumenta.

Bangu, o primeiro campeão profissional do Rio.

Futebol Brasil Memória

O treinador Luiz Vinhaes, do Bangu campeão, era um misto de pai e sargento.

Com 7 vitórias, 2 empates e 1 derrota, o Bangu, um dos pioneiros do futebol carioca e no combate ao preconceito racial, é o primeiro campeão profissional do Rio. Em 1933, pela Liga Carioca de Futebol, o alvirrubro adotou um esquema de trabalho semelhante ao do Vasco em 1923, com os jogadores bangüenses concentrados e um preparador físico, que cuidava da forma física dos atletas.

– O Bangu sabia que com a implantação do profissionalismo poderia cobrar mais de seus jogadores. De nada adiantaria o pagamento de salários e prêmios, se não fosse feito também um excelente programa de preparação para os atletas. O clube contratou então um instrutor de Educação Física, o tenente Jayme Mathias Rincão. Alguns atletas com problemas de nutrição, como Plácido Monsores, tiveram a alimentação reforçada. Com medo de que os jogadores fossem se meter em botequins, a diretoria reformou o velho casarão para concentrá-los. No passado, o casarão servia ao diretor-gerente da fábrica (fábrica de tecidos que dera origem ao clube), situado na Estrada do Engenho, e chamado de Chalé dos Ingleses. O regime era de quartel: visita de familiares, só uma vez por semana. Noitadas, nem pensar. Às 22h da noite todos deveriam estar na cama. O treinador Luiz Vinhaes era um misto de pai e sargento. Fazia os jogadores acordarem cedo, antes do café, para subirem o Morro do Engenho. Na volta faziam fila, como se fossem receber hóstias, para engolir uma gema de ovo com limão, oferecida por Vinhaes numa colher de sopa – escreveu o jornalista Carlos Molinari, em seu livro *Nós é que somos bangüenses*.

O time-base do Bangu era formado por Euclides, Mário Carreiro e Sá Pinto (Camarão); Paiva (Ferro), Santana e Médio; Sobral, Ladislau da Guia, Tião, Plácido e Dininho. Tião foi o artilheiro do campeonato, com 13 gols. Ao todo, a equipe marcou 35 gols e sofreu 16.

Pela entrada de serviço

Uma curiosidade naquele primeiro ano do profissionalismo foi o fato de os campeonatos carioca e paulista terem sido realizados em paralelo à primeira edição do Torneio Rio-São Paulo, que só voltaria a ter força no país nos anos 1950. Assim, os pontos das partidas do Campeonato Carioca valiam também pelo Rio-São Paulo. Melhor do Rio na temporada, o Bangu ficou em quarto no Rio-São Paulo. O campeão do torneio interestadual e campeão paulista foi o Palestra Itália, que em 1942 – em virtude da Segunda Guerra Mundial, em que o Brasil entrou no conflito contra Alemanha, Itália e Japão – teve de mudar de nome e passou a se chamar Palmeiras.

Um ano depois do troféu conquistado pelo Bangu, o vencedor do Campeonato Carioca de profissionais de 1934 foi o Vasco. Foi o primeiro título da cidade de que tomou parte o futuro gênio Leônidas da Silva, embora ele tenha ficado cerca de três meses no clube de São Januário, antes de aceitar a proposta da CBD para ir jogar a Copa do Mundo. Em 1934, na Liga Carioca de Futebol (LCF), o Vasco, com destaques como Domingos da Guia, Fausto, o goleiro Rei e Gradim, além do próprio Leônidas, obteve 8 vitórias, 2 empates e 2 derrotas, com 28 gols a favor e 16 contra. O goleador da competição seria o rubro-negro Alfredinho, com 10 gols. A equipe-base vascaína era: Rei, Domingos da Guia e Itália; Tinoco (Gringo), Fausto (Juca) e Mola (Calocero); Orlando, Almir (Leônidas da Silva), Gradim (Lamana), Nena (Kuko) e Dallessandro. O técnico era Harry Welfare.

Em 1935, Vasco, Bangu e São Cristóvão deixaram a LCF e foram para a nova Federação Metropolitana de Desportos (FMD), juntando-se ao Botafogo. Houve uma forte tentativa de pacificação, mas um desentendimento do Vasco com Flamengo e Fluminense impediria a unificação das duas entidades desportivas, o que só seria mesmo possível em 1937.

Fracassa tentativa de reunir as duas ligas cariocas.

Na LCF, em 1935, o vitorioso foi o América, apesar de o Fluminense ter contratado praticamente toda a seleção paulista. Na competição, em 3 turnos, algo raro na época, a equipe rubra fez a melhor campanha, com 11 vitórias, 2 empates e 2 derrotas, com 49 gols e 20 contra. O time-base do América foi: Walter, Vital e Cachimbo; Paiva (Oscarino), Og e Possato; Lindo, Carola, Plácido, Mamede e Orlandinho. Plácido foi o artilheiro do campeonato, com 17 gols.

Assim como ocorreu no futebol carioca, em que foram formadas duas ligas, uma a favor e outra contra o profissionalismo, isso ocorreu também em São Paulo, nas décadas de 1920 e de 1930. Nos anos 1920, a divisão era entre a Liga dos Amadores de Futebol (LAF), obviamente amadora, e a Associação Paulista de Esportes Athleticos (Apea), pró-profissional. No começo da década de 1930 o tradicional Paulistano, totalmente amador, abandona o futebol com a crescente tendência pela profissionalização. Corinthians e Palmeiras fundam a Liga Paulista de Futebol, e com isso a Apea, embora resistindo alguns anos, acaba deixando de existir. Em 1937, surge a Liga de Futebol do Estado de São Paulo, na pacificação paulista.

Um dos pioneiros do futebol, o Paulistano abandona o esporte.

O profissionalismo chegara ao país em 1933, já na era Vargas. Os clubes cariocas e paulistas, que lideravam o futebol do país, se reuniram para estabelecer as regras do profissionalismo. Até 1932 os times cariocas eram amadores na estrutura, sem pagar oficialmente aos seus atletas. Entretanto, pagavam gratificações conhecidas como bichos. O profissionalismo criava uma situação na qual os atletas não precisavam mais ser sócios dos clubes, como na época amadora. Os atletas, agora profissionais – muitos dos quais negros e pobres –, como funcionários não podiam freqüentar as dependências sociais. Outro fator complicaria as relações entre os defensores e os inimigos

Pela entrada de serviço

do profissionalismo: a realização, em 1934, na Itália, da segunda Copa do Mundo. A então Confederação Brasileira de Desportos (CBD) foi convidada a participar da Copa, mas se desentendeu com os dirigentes da recém-criada Liga Carioca de Futebol e da Apea, de São Paulo, o que impediu o Brasil de contar com seus melhores jogadores.

A seleção brasileira pôde contar com os atletas do Botafogo do Rio, que era a favor do amadorismo, além de Leônidas da Silva e Tinoco, do Vasco. No Mundial, a seleção brasileira fez apenas uma partida, perdendo para a Espanha por 3 x 1, sendo eliminada. Essa fraca campanha, porém, acabou sendo positiva por demonstrar aos dirigentes brasileiros que os clubes precisariam se unir para que a seleção não se saísse igualmente mal em 1938, na França.

Dividido, o futebol brasileiro tem fraca campanha na Copa de 1934.

Para o jornalista José Trajano, da ESPN Brasil, a profissionalização foi um processo irreversível.

– Não havia mais jeito. Chegou uma hora em que era inevitável. Os puristas combateram o profissionalismo por muito tempo. Porém, para sobreviver, ou ele se tornava profissional, ou não iria adiante. O futebol cresceu muito rápido, passou a ter vários jogadores, diferentes divisões – opina ele.

Segundo o pesquisador Ricardo Lucena, professor da Universidade Federal da Paraíba, o profissionalismo foi realmente algo fundamental na história do futebol no país.

– As disputas iniciais entre os que eram pelo amadorismo e pelo profissionalismo foram uma questão de demarcação de espaço. O profissionalismo permitia que atletas oriundos das classes mais baixas entrassem nos clubes elegantes – explica ele, que pesquisou o esporte no Rio nos anos 1910 e 1920.

Segundo o radialista gaúcho Luiz Mendes, de 81 anos, comentarista da Rádio Globo, embora os atletas de futebol fossem respeitados, ainda mais com o profissionalismo, não eram o sonho de consumo da elite na época:

– Eles eram admirados, mas não respeitados. Um pai não queria ver a filha casada com um jogador de futebol. Jogadores eram endeusados, mas não respeitados socialmente. Durante grande parte do profissionalismo eles não eram respeitados. Isso não era anormal. Atores e atrizes, na época, não eram aceitos socialmente. Atores eram vistos como vagabundos; atrizes, como prostitutas, e jogadores, como malandros.

Afagando a imaginação
25

Muito da popularidade dos clubes cariocas e do futebol do Rio fora do próprio estado se deve ao rádio. Capital da República até 1960, o Rio era o principal centro político e cultural do país. Por isso, as transmissões, pela Rádio Nacional, dos jogos do futebol carioca atingiam públicos que se tornavam cada vez mais fiéis, a partir das décadas de 1930 e 1940. Esse trabalho dos locutores e radialistas acabaria por dar origem ao fenômeno que se percebe até hoje, da presença de torcedores de clubes cariocas em várias cidades do Norte e do Nordeste.

Radicado no Rio há mais de sessenta anos, desde 1º de dezembro de 1944, Luiz Mendes foi testemunha, como ouvinte e participante – como locutor de esportes na mesma emissora –, desse processo de nacionalização do futebol carioca. Ele observa que o rádio teve um papel preponderante na transformação do futebol em esporte de massa no país.

– O rádio teve um papel mais importante nessa popularização do que a TV. Em tudo o que o locutor dizia, o ouvinte acreditava, já

Futebol Brasil Memória

que não estava vendo a partida, porque naquele tempo não havia TV (também não havia rádios de pilha, e por isso quem estava no estádio não ouvia as transmissões). Claro que é melhor ver o jogo pela TV, mas o rádio exerceu uma forte influência, trabalhando o imaginário e afagando a imaginação do ouvinte, que construía o lance em sua mente, de acordo com o que o locutor dizia – explica o autor dos livros *Sete mil horas de futebol* e *Técnicas e táticas de futebol*.

O radialista ressalta que as emissoras do Rio eram as mais poderosas do país naquela época:

— Como as rádios cariocas tinham maior penetração (maior alcance, chegando a localidades distantes) que as de São Paulo, a preferência nacional pelos clubes do Rio se fez notar.

Mendes chegou ao Rio com 19 anos, mas desde a infância era muito ligado em futebol, e colecionava fotos e álbuns de figurinhas de atletas de várias equipes. Ele próprio era ouvinte das transmissões, antes de se tornar locutor. Quando chegou à cidade, vindo de Porto Alegre, Mendes já encontrou como locutores consagrados Gagliano Neto, Ari Barroso – conhecido pela gaitinha de boca com que anunciava os gols – e Oduwaldo Cozzi. De 1947 a 1955, Mendes foi o principal locutor da Rádio Globo. Trabalhou na TV de 1955 a 1970, quando voltou à Rádio Globo, como comentarista.

— Até 1936 não existia a função de comentarista. No intervalo entre o primeiro e o segundo tempos, as rádios tocavam músicas. No Sul-Americano de Buenos Aires, em 1936, Gagliano Neto, que estava transmitindo o campeonato com exclusividade para o Brasil pela Rádio Cruzeiro do Sul, pôs o jornalista Ari Lund – do extinto Diário de Notícias (de Porto Alegre) e que também estava em Buenos Aires – para comentar as partidas no intervalo. Também em 1936, Pilar Drummond, do jornal A Noite, passou a ser comentarista da Rádio

Gagliano Neto, Ari Barroso e Oduwaldo Cozzi são personagens da história do rádio.

Afagando a imaginação

Nacional. Nos anos 1940 criei a função de repórter de campo, e o Cozzi, na Rádio Mayrink Veiga, criou o locutor atrás do gol.

Mendes lembra ainda que Geraldo Romualdo da Silva, do Jornal dos Sports e de O Globo, foi o primeiro repórter de campo, com um microfone sem fio.

– Como não havia rádio de pilha, combinávamos um código com o repórter de campo. Nos jogos durante o dia, eu sacudia um lenço vermelho para que ele soubesse a hora de entrar. À noite, acendia uma lanterninha para chamá-lo – conta.

O futebol chegou às rádios nos anos 1930. Segundo Mendes, Nicolau Tuma foi o primeiro locutor de São Paulo, na Rádio Educadora Paulista, em 1934. No Rio, no mesmo ano, o pioneiro foi Amador Santos, da Rádio Clube do Brasil. Nem na Copa do Mundo de 1930 houve transmissões. Para se informar, os fãs de futebol adotavam um procedimento muito original.

O futebol chegou às rádios brasileiras na década de 1930.

– Nos grandes jogos internacionais o povo se reunia em frente às redações dos jornais, que recebiam telegramas das agências internacionais de notícias com informações sobre os jogos. Alguém do jornal lia ao alto-falante: "Aos vinte minutos, o goleiro fulano fez uma defesa..." O povo ouvia e dizia "Oh!", como se estivesse vendo o jogo. A Copa do Mundo de 1934 também não foi transmitida para o Brasil, e, em 1936, no Sul-Americano, em Buenos Aires, Gagliano Neto fez a primeira locução internacional de futebol para o país. O Brasil perdeu o título para os argentinos. A Copa do Mundo de 1938, na França, foi a primeira transmitida pelo rádio para o Brasil – conta.

Ele recorda que naquela época as emissoras instalavam alto-falantes em praças de diversas cidades, como o Largo da Carioca, no Rio, ou o Largo do Medeiros, em Porto Alegre, onde ele morava:

Futebol Brasil Memória

Torcer ou não torcer? Eis a questão.

— Eu ia para a rua para ouvir os jogos. Tinha 14 anos em 1938. Nunca poderia imaginar que eu futuramente iria substituir Gagliano Neto (na época na Rádio Clube do Brasil). É o destino.

Apesar de torcedor do Botafogo, Mendes sempre soube primar pela neutralidade nas transmissões.

— Ari Barroso era um torcedor ao microfone. Os outros locutores eram respeitados, mesmo que os torcedores soubessem seus times. Gagliano e eu éramos Botafogo. Cozzi, Fluminense. Entretanto, quando Ari Barroso via o Flamengo ser atacado, dizia: "Não quero nem olhar!" Acho mais justo, mais equilibrado que o locutor não tenha pendência para clube algum e dê ênfase ao sucesso de todos. O locutor tem de saber reconhecer os méritos dos clubes, seja o adversário ou o seu de coração. Como eu iria deixar de elogiar, mesmo não sendo o meu, o Flamengo de Zico, o Botafogo de 1948, o Expresso da Vitória do Vasco, nos anos 1940, o São Paulo da década de 1940? – argumenta.

Mais conhecido como comediante e *showman*, Chico Anysio foi comentarista esportivo a partir dos anos 1940 e chegou a trabalhar na função até a década de 1990. Como comentarista, Chico começou ao lado de Raul Longras, na Rádio Guanabara.

— O rádio esportivo daquela época não tinha grandes diferenças em relação ao de hoje. Já havia o repórter atrás de cada gol. Mas eram poucas entrevistas. O público não se interessava por elas, e acho que até hoje não se interessa porque todo jogador começa a falar dizendo: "Com certeza!" Havia um locutor em cada campo. Eram cinco jogos por rodada. Havia um locutor principal e outro em cada campo, informando sobre o andamento de seu jogo – lembra ele, que criou o personagem Coalhada, um projeto de craque fracassado, em seus programas de TV nos anos 1970 e 1980.

Afagando a imaginação

Para Chico, cabe ao comentarista ir além do que estão vendo todos os que estão assistindo a uma partida.

– Ele tem de ver o jogo com uma lente grande angular (que permite fotografar uma superfície mais ampla), vendo a partida de forma geral, porque o locutor acompanha a bola. Minha função não era a de dizer o que já havia acontecido. Era a de prever o que iria ocorrer. Eu tinha de me arriscar, de correr o risco de errar, mas também acontecia de acertar – diz.

Chico recorda outros radialistas esportivos de destaque, entre os quais Benjamin Wright, pai do ex-árbitro e atualmente comentarista José Roberto Wright.

– Foi Benjamin quem criou a frase "O futebol é uma caixinha de surpresas" – relata.

Segundo Chico, a narração dos locutores de décadas atrás era mais lenta:

– Quando foi criado o rádio de pilha, alguns locutores saíram do ar porque narravam os jogos com atraso. Os locutores de antigamente enfeitavam mais. A transmissão era mais lenta porque o futebol também era assim.

Assim como Mendes, Chico é a favor da neutralidade do comentarista em relação aos clubes, sem paixão.

– O comentarista não tem direito de se manifestar a favor de um clube. Pode torcer, mas não deixar que isso influencie os comentários. Sou vascaíno, mas não posso deixar de criticar o time se necessário. Atualmente, acho que a TV prejudicou o rádio esportivo, assim como o turfe – lamenta.

Na imprensa escrita, nos anos 1910, o noticiário sobre futebol se resumia a notinhas de pé de página. A partir da década de 1930 os espaços para o futebol foram crescendo nos jornais. Entre os

Mário Filho e outros cronistas abrem páginas dos jornais para o futebol.

principais cronistas de então estavam Diocesano Ferreira, o Dão, do extinto Correio da Manhã, Everaldo Lopes, Lourival Pereira e Geraldo Romualdo da Silva, do Jornal dos Sports, e Mário Filho, de O Globo e do Jornal dos Sports.

– As crônicas eram bem detalhistas e tinham palavras como tento em lugar de gol. O texto era como se uma narração de jogo fosse transformada em artigo de jornal – conta Mendes.

Na década de 1930 um personagem assumiria importante papel na imprensa esportiva: o jornalista Mário Rodrigues Filho, ou simplesmente Mário Filho, que foi dono de O Mundo Esportivo e do Jornal dos Sports, colunista de O Globo e mais tarde daria nome oficial ao estádio do Maracanã. De acordo com José Sérgio Leite Lopes, no artigo "A vitória do futebol que incorporou a pelada", no Dossiê Futebol, da Universidade de São Paulo, Mário soube, como colunista, dono de jornal e autor de livros como *O negro no futebol brasileiro*, criar ou elevar a uma nova categoria o jornalismo esportivo. Ele fez com que o futebol deixasse de ter notinhas de rodapé para merecer espaço nos jornais, com reportagens em que os atletas eram mostrados não apenas como jogadores, mas como personalidades e ídolos.

Mário via o futebol mais que um esporte, via-o como um espetáculo e algo que integra a própria nacionalidade.

– O grande estádio do Maracanã, no Rio, pelo qual fez campanha na imprensa a favor de sua construção para a Copa de 1950 ...é também uma homenagem àquele que soube popularizar o futebol no Brasil e transformá-lo num esporte nacional a ponto de aparecer hoje para os brasileiros como uma segunda natureza – escreve Leite Lopes.

Qual foi o resultado do futebol?
26

Numa cidade em ritmo de mudanças e sedenta por novidades, depois da Abolição da Escravatura e da Proclamação da República, e em paralelo à chegada da Belle Époque e à reforma urbana, era natural que a vida cultural e o lazer adotassem novas roupagens e ganhassem novas cores.

Entre o final do século XIX e as primeiras décadas do século passado – época em que o futebol também se firmava na cidade e no país –, um novo gênero musical começaria a sair dos guetos de ex-escravos e descendentes de escravos para começar a conquistar espaços nas rádios e nas rodas elegantes, antes de se transformar no fenômeno cultural internacional que é hoje: o samba.

Resultado de uma mistura de ritmos tocados por afro-descendentes, mas não livre de influências da polca e do tango, é difícil determinar uma data em que o samba tenha se originado. Nos anos 1920 e 1930, os próprios sambistas debatiam entre si sobre onde a música havia sido gestada.

De acordo com o livro *Paulinho da Viola, sambista e chorão*, do jornalista João Máximo, o ritmo teve nas raízes duas influências básicas. Na Cidade Nova, próximo de onde se situa a Praça Onze, moravam famílias de negros vindos da Bahia, que se reuniam na casa de Hilária Batista de Almeida, conhecida como Tia Ciata. A região era conhecida como Pequena África.

No Estácio foram morar famílias de negros vindos do interior do Estado do Rio. Nos arredores da Praça Onze surgiria um tipo de samba denominado "Maxixe da Cidade Nova". O local era originalmente destinado à prática de cultos afro-brasileiros. Entretanto, depois os freqüentadores desses atos religiosos passaram a se encontrar para cultivar a amizade que tinham entre si e para tocar, cantar e dançar. As reuniões eram realizadas nos fundos da residência às escondidas da Polícia. Pixinguinha, Donga e Sinhô estavam entre os freqüentadores da casa de Tia Ciata. Na outra região teve início o "Samba do Estácio", segundo explica Máximo.

A música chamada de samba começa a ser citada como um ritmo específico na década de 1910 e se firma como um produto apreciado nacionalmente nos anos 1920. De qualquer forma, a canção "Pelo telefone", de Donga e Mauro de Almeida, e gravada em 1917 por Baiano, é considerada oficialmente o primeiro samba. O refrão chamava para a alegria das festas de Carnaval: "Ai, ai, ai/É deixar mágoas pra trás, ó rapaz/Ai, ai, ai/Fica triste se és capaz e verás."

Entre os principais nomes da música popular brasileira, que surgia entre o fim do século XIX e começo do XX, estava Chiquinha Gonzaga, que, além de lutar contra a desconfiança e restrições em relação a esse tipo de canção, diferente das de padrão europeu, combatia também o preconceito contra a mulher.

Qual foi o resultado do futebol?

Para o jornalista e escritor Sérgio Cabral, autor do livro *As escolas de samba do Rio de Janeiro,* se o samba é hoje uma parte da cultura brasileira, nos anos 1910 e 1920 era visto praticamente como uma atividade criminosa.

– Em 1919, Pixinguinha foi se apresentar na ante-sala do famoso cinema Palais, na Avenida Rio Branco. Ele tocava com os Batutas, junto com o Donga. A apresentação recebeu muitas críticas. Houve quem estranhasse ver músicos negros no Palais (um lugar sofisticado). Em janeiro de 1922, quando Pixinguinha e os Batutas foram tocar em Paris, houve também uma série de críticas. Havia até um preconceito religioso. Os jornais da época narravam com deboche a ação de policiais que entravam em centros de candomblé ou de umbanda e prendiam pais e mães-de-santo. O samba era uma atividade criminosa. Donga me dizia que tocar violão na época era pior do que ser comunista na época do regime militar – observa Cabral.

Ele prossegue, pondo em dúvida a tão louvada fraternidade racial brasileira:

– O Rio era uma cidade preconceituosa. Hoje, o país é miscigenado porque a mulher negra era e é vista como objeto sexual para satisfação dos brancos. O Brasil inteiro era preconceituoso, e o Rio também.

Nos anos 1920 e 1930, Noel Rosa, filho de família de classe média e morador de Vila Isabel, acabaria tornando aquele bairro da Zona Norte do Rio conhecido em todo o país. Em apenas 26 anos de vida, Noel, que chegara a pensar em cursar Medicina, produziu inúmeras músicas, paródias e escreveu até mesmo para o teatro de revista.

Além de canções românticas, o compositor e cantor se notabilizou por músicas de cunho crítico e social, especialmente diante da realidade

> Nos anos 1920, ser sambista era crime.

Futebol Brasil Memória

difícil que se seguiu à Queda da Bolsa de Nova York, em 1929, fato que abalou toda a estrutura do capitalismo internacional, incluindo o Brasil. Boêmio, freqüentador de rodas de sambistas e cabarés, Noel é até hoje um dos maiores nomes desse gênero musical. Embora sua obra mereça um livro, basta citar duas músicas em que ele mostra a importância que o futebol havia conquistado nas décadas de 1920 e 1930. Em uma delas, a mais conhecida, "Conversa de botequim" (feita em parceria com Vadico), de 1935, ele faz de um bar o seu escritório; e do garçom, uma espécie de secretário ou faz-tudo, para quem despacha e dá várias ordens:

"Seu garçom faça o favor de me trazer depressa/Uma boa média que não seja requentada/Um pão bem quente com manteiga à beça/Um guardanapo e um copo d'água bem gelada/Feche a porta da direita com muito cuidado/Que eu não estou disposto a ficar exposto ao sol/ Vá perguntar ao seu freguês do lado/Qual foi o resultado do futebol."

O fato de ele pedir ao garçom que, além de várias tarefas, se informe sobre o resultado da rodada de futebol comprova quanto esse esporte já fazia parte do dia-a-dia da população carioca.

Outra canção de Noel – que seria torcedor do América – com referência ao futebol é "Quem dá mais?", de 1931, elaborada para uma peça de Erastótenes Frazão: "Quem dá mais.../Por uma mulata que é diplomada/Em matéria de samba e de batucada/Com as qualidades de moça formosa/Fiteira, vaidosa e muito mentirosa...?/Cinco mil-réis, duzentos mil-réis, um conto de réis!/Ninguém dá mais de um conto de réis?/O Vasco paga o lote na batata/E em vez de barata/ Oferece ao Russinho uma mulata."

A referência dos autores ao centroavante Russinho, do Vasco, se explica. Campeão carioca de 1929 e artilheiro dos campeonatos de 1929 e 1931, Moacir Siqueira de Queiroz, o Russinho, foi titular da

"Vá perguntar ao seu freguês do lado/Qual foi o resultado do futebol."
Noel Rosa e Vadico

Qual foi o resultado do futebol?

seleção brasileira na primeira Copa do Mundo, em 1930. Franzino, veloz e habilidoso, marcou três gols na final de 1929, nos 5 x 0 dos vascaínos sobre o América, nas Laranjeiras.

Muito popular na época, Russinho foi eleito o melhor jogador do Rio num concurso promovido por uma marca de cigarros, ganhando como prêmio um carro (uma barata ou baratinha, como se dizia).

A música de Noel que faz referência a Russinho integrava uma peça do teatro de revista. Esse gênero teatral surgido na França, no século XVIII, caracterizava-se por uma revisão (daí o nome revista) ou uma nova análise, de forma satírica e caricata, de fatos políticos, econômicos, sociais ou culturais, incluindo o futebol.

> O teatro de revista domina a cena cultural nas décadas de 1920 e 1930.

Eram, portanto, peças bem atuais, de crítica de costumes, nas quais os personagens eram políticos, por exemplo. Claro que em meio às cenas engraçadas, mulheres bonitas, as vedetes, encantavam os olhares masculinos.

No Brasil, assim como o futebol, o teatro de revista chegou no século XIX e se tornaria mais e mais apreciado nas primeiras décadas do século passado. Nos anos 1920 e 1930 chegaram a ser produzidas no Rio mais de 250 peças de vários autores, entre os quais Freire Júnior (172 peças). Vários artistas se tornaram famosos na época, como os comediantes Grande Othelo, Oscarito e Mesquitinha, além das vedetes-cantoras Dercy Gonçalves, Henriqueta Brieba, Eva Todor, entre outros. Getulio Vargas, que assumiria o poder em 1930, governando o país até 1945, se tornaria um assíduo freqüentador das platéias desses espetáculos.

Festa tradicional no país desde o século XVIII, por influência da colonização portuguesa, o Carnaval carioca também passou por uma série de modificações a partir do final do século XIX. Naquela época, em 1852, os folguedos em evidência eram o Zé Pereira – um

Futebol Brasil Memória

conjunto de instrumentistas de percussão liderados pelo sapateiro José Nogueira de Azevedo Paredes, o Zé Pereira - e, em 1855, as Grandes Sociedades, como Tenentes, Democráticos e Fenianos.

Entretanto, o estilo da festa ainda era europeu, com brincadeiras nas ruas e bailes de máscaras nos salões. As músicas eram as marchinhas e as polcas.

Nos anos 1920, com a maior aceitação do samba como ritmo nacional, os cordões e os blocos de folia acabaram por dar origem às agremiações hoje essenciais no Carnaval carioca: as escolas de samba. A primeira delas, idealizada por Ismael Silva, foi a Deixa Falar (atualmente Estácio de Sá), em 1928.

Jornalista esportivo, Mário Filho organiza o primeiro desfile de escolas de samba.

Quatro anos depois, em 1932, o jornalista Mário Filho organizou em seu jornal, O Mundo Esportivo, o primeiro desfile de escolas de samba, na antiga Praça Onze, atual Avenida Presidente Vargas. Um ano depois, em 1933, o jornal O Globo assumiu a promoção dos desfiles, que, em 1935, passaram a ser organizados pela Prefeitura do Rio.

Um símbolo da Belle Époque, a Confeitaria Colombo, situada até hoje no mesmo local, na Avenida Gonçalves Dias, Centro da cidade, era um dos principais pontos de encontro de intelectuais no Rio do começo do século XX. Inaugurado em 1894 pelos portugueses Joaquim Borges de Meirelles e Manoel José Lebrão, o estabelecimento é tombado pelo Patrimônio Histórico e Artístico do Estado do Rio de Janeiro. Mantém até hoje o estilo de decoração adotado em 1913, que inclui espelhos trazidos da Bélgica. Ainda nos tempos atuais, pode-se ouvir no salão da casa músicas que datam de sua inauguração. Olavo Bilac liderava uma roda de literatos que se reuniam ali em 1914, a Sociedade dos Homens de Letras. Machado de Assis, Emílio de Menezes, José do Patrocínio, Oscar Lopes e Lima Barreto, entre outros escritores,

Qual foi o resultado do futebol?

freqüentavam a confeitaria onde o Flamengo tem uma mesa cativa há mais de cinqüenta anos. Era lá que se reuniam dirigentes do clube, ficando conhecidos como seita dos Dragões Negros, considerados grandes conspiradores a favor das cores vermelha e preta.

Paz de Pedros
27

Em 1937, o Fluminense conquistou o bicampeonato num período em que era a grande força do futebol carioca. Tanto assim que seria tri em 1938. Depois de deixar o troféu escapar em 1939 (para o Flamengo de Leônidas), seria bicampeão em 1940 e 1941, completando cinco títulos em seis anos.

Na temporada de 1937, os dirigentes dos clubes cariocas puseram fim às divisões entre a Federação Metropolitana de Desportos (FMD) e a Liga Carioca de Football (LCF), dando origem à nova Liga de Futebol do Rio de Janeiro (LFRJ), subordinada à Federação Brasileira de Futebol (FBF). A FBF se filiaria à Confederação Brasileira de Desportos (CBD), que tinha o direito de representação do país junto à Fifa (Federação Internacional de Futebol Association).

Na nova entidade, a LFRJ, o Fluminense, campeão de 1936 pela LCF, voltou a triunfar. Sob o comando do técnico uruguaio Carlos Carlomagno, o tricolor contou com Batatais, Moysés e Machado; Santamaria, Brant e Orozimbo; Sobral, Sandro, Romeu, Tim e Hércules. O grupo obteve 17 vitórias, 4 empates e 1 derrota, com

Futebol Brasil Memória

65 gols a favor e 22 contra. O goleador do campeonato foi o vascaíno Niginho, com 25 gols, e Hércules marcou 22 para o Fluminense. Os maiores destaques do clube das Laranjeiras foram o atacante Romeu Pelicciari e Tim, que havia chegado da Portuguesa Santista.

Além do título do Fluminense, o campeonato daquele ano foi marcado pela chamada pacificação do futebol carioca. Entre 1933 e 1936 haviam sido disputados no Rio dois campeonatos da cidade, conseqüentemente com dois campeões, um amador e outro de profissionais. Eram evidentes os prejuízos financeiros e técnicos para os clubes membros de ambas as ligas, em decorrência da cisão.

Prejuízos financeiros e técnicos levam à pacificação do futebol carioca.

Àquela altura, a CBD, filiada à Fifa desde 1923, havia superado a FBF e era a virtual vencedora da luta desportiva que travavam há alguns anos. Como a Copa do Mundo da Itália, prevista para 1938, estava se aproximando, a reunificação do futebol brasileiro era fundamental e indispensável para que não se repetissem os insucessos da Copa de 1934, na qual fora péssima a atuação do futebol brasileiro.

Pela pacificação carioca, trabalharam muito os presidentes do Vasco, Pedro Pereira Novaes, e do América, Pedro Magalhães Correa. Foi a Paz de Pedros, firmada em 29 de julho e selada com uma partida amistosa entre as duas equipes, em 31 de julho daquele ano, a primeira sob promoção da LFRJ. Por esse motivo, o jogo Vasco x América é conhecido até hoje como o Clássico da Paz. O Vasco havia sido campeão de 1936 na FMD, e o América, vencedor do campeonato de 1935 da LCF. Jogando em casa, os vascaínos venceram: 3 x 2. Em São Januário, ao lado da escadaria de acesso às sociais, há uma placa comemorativa com o nome dos dois presidentes.

A pacificação do Rio, então capital federal, se espalhou para São Paulo e outros estados. Isso possibilitou que o país tivesse uma seleção

mais representativa e que terminaria em terceiro na Copa de 1938. Na LFRJ, foram fundadores: América, Bangu, Bonsucesso, Botafogo, Flamengo, Fluminense, Madureira, São Cristóvão e Vasco. Até o fim de 1937 se filiaram Andaraí, Campo Grande, Olaria e Portuguesa.

Além da necessidade de unir as forças em favor de um bom resultado na Copa de 1938, os dirigentes da época não discutiam mais a questão do profissionalismo, aceito em todo o país em 1937, por força de lei do Governo Vargas, que queria o controle do mundo do esporte. Futuramente, Getulio Vargas editaria o decreto-lei 3.199, de 14 de abril de 1941, estabelecendo a organização dos desportos no país e criando o Conselho Nacional dos Desportos (CND), como o órgão regulador dessas atividades. Também em 1941 a LFRJ mudaria o nome para Federação Metropolitana de Futebol (FMF).

Em 1937, um título extra-oficial para os cadetes.

Antes dessa pacificação, porém, transcorria o Campeonato Carioca da Federação Metropolitana de Desportos, a FMD, com Vasco, Botafogo, São Cristóvão, Madureira, Carioca, Bangu e Andaraí. O melhor time foi o São Cristóvão, com 14 pontos, 7 vitórias, nenhum empate e nenhuma derrota, 28 gols a favor e 10 contra. O time-base era Walter, Hernandez e Oswaldo; Picabea, Dodô e Afonsinho; Roberto, Villegas, Caxambu, Quintanilha e Carreiro. O técnico era Ademar Pimenta.

Quando foi acertada a unificação da Federação Metropolitana de Desportos (FMD) e da Liga Carioca de Football (LCF), em julho, a FMD foi dissolvida. Seu campeonato não terminou. Por isso, o time cadete não foi oficialmente proclamado campeão, embora extra-oficialmente pudesse reivindicar tal título na FMD. No caso da LCF, o campeonato ainda não havia começado. Quem sofreu prejuízos foi o São Cristóvão, que pelo sistema de pontos corridos poderia até disputar ou ganhar o título. Extra-oficialmente, Raymundo Quadros, autor do livro

Futebol Brasil Memória

sobre o clube cadete, considera o São Cristóvão campeão de fato da FMD em 1937, já que foi o melhor naquele torneio.

No começo dos anos 1930, pouco antes da cisão que dividiria em duas ligas o futebol carioca, o Flamengo recebia, em 14 de novembro de 1931, por meio de decreto municipal, a cessão do terreno onde se encontra até hoje, às margens da Lagoa Rodrigo de Freitas, na Zona Sul do Rio. Em 28 de dezembro de 1933 o então presidente José Bastos Padilha pôde dar início às obras para a construção do estádio para seis mil espectadores. As obras começaram em 1935, com a construção em alvenaria no local onde as cercas eram de madeira. O estádio foi concluído em 1938, depois de o clube ter lançado uma campanha para novos sócios, com o intuito de obter recursos para as obras. Com a construção em andamento, Bastos Padilha renunciou, cansado dos esforços no projeto.

Raul Dias Gonçalves completou o mandato até 31 de dezembro de 1938, e no dia 4 de setembro daquele ano era inaugurado o estádio da Gávea, denominado José Bastos Padilha. No amistoso inaugural, o Vasco bateu o Flamengo por 2 x 0.

A magia negra
28

Estádio Centenário, Montevidéu, 4 de dezembro de 1932. Em jogo, a Copa Rio Branco, disputada entre os brasileiros – então uma força secundária no planeta futebol – e os uruguaios, maiores potências da modalidade, ostentando os títulos olímpicos de 1924 e 1928 e da primeira Copa do Mundo, em 1930 (ganhariam também a Copa de 1950, no Brasil).

Formada por jogadores praticamente desconhecidos e vestidos ainda com uniforme todo branco (o amarelo e azul só passou a ser usado em 1954), a seleção brasileira contava com Vitor, Domingos e Itália; Agrícola, Martim e Ivan; Valter, Paulinho, Gradim, Leônidas da Silva e Jarbas.

Apesar de ter ganhado os Sul-americanos de 1919 e 1922, o Brasil jamais conquistara a Copa Rio Branco, ainda mais na casa dos famosos e favoritos rivais. O otimismo em Montevidéu era total em relação a uma vitória da celeste, como é conhecida a seleção uruguaia, pelo tom claro da camisa azul.

Perante o estádio lotado, a equipe brasileira treinada por Luiz Vinhaes não se intimidou. Em uma jogada de Martim, Jarbas e Gradim, Leônidas,

Futebol Brasil Memória

> Na Copa Rio Branco de 1932, os uruguaios esbarraram no brasileiro Domingos da Guia quando tentavam o empate.

até então centroavante do Bonsucesso, completou para o gol: 1 x 0, no primeiro tempo.

A reação uruguaia não tardou, com violência. O zagueiro Nazassi atingiu o tornozelo do craque brasileiro. Vinhaes, técnico da seleção, chegou à lateral do campo e perguntou a Leônidas se ele suportaria continuar (na época não havia substituição, nem por contusão). O futuro astro voltou a campo, pouco antes do fim do primeiro tempo. Na segunda etapa, Leônidas ampliou o placar em um centro de Valter, em lance assim relatado pelo escritor Mário Filho no livro *Copa Rio Branco de 1932*:

– Leônidas avançava, já passara pelo meio-de-campo, alcançara a grande área, sincronizando as largas passadas com as passadas de Valter, que agora centrava. Diante do gol, chegaram juntos Leônidas e a bola. Machiavelo (goleiro do Uruguai) agitou os braços, a única coisa que lhe restava fazer era assustar Leônidas. Leônidas não se assustou: na corrida, sem parar, ele chutou a bola. A bola entrou um pouco de lado, Leônidas continuou correndo, foi até o fundo do gol para balançar as redes, para apanhar a bola. Primeiro algumas palmas, as palmas dos brasileiros espalhados nos degraus de cimento do Estádio Centenário. Depois as palmas de todo mundo. Em campo, Leônidas era carregado em triunfo, mais uma vez, pelos companheiros – escreve Mário Filho.

Na seqüência, os uruguaios descontaram, mas esbarraram em Domingos da Guia quando tentavam empatar. Com o placar de 2 x 1, o título era dos brasileiros, que haviam acabado de superar, no Centenário, os campeões olímpicos e mundiais.

Na volta ao Brasil, segundo André Ribeiro, autor da biografia do craque, *O diamante eterno*, de 1999, uma multidão foi ao Porto do Rio recepcionar os heróis, em especial Leônidas.

– O Brasil venceu, mas tinha sido ele, Leônidas, o símbolo daquela vitória. ...Do porto, os jogadores seguiram em carro aberto e desfilaram

A magia negra

pelas ruas do Rio. Era gente por todos os cantos. Das janelas dos prédios chovia papel picado: nas ruas o grito era um só: Brasil! Brasil! Leônidas era o dono da festa. No carro com a capota arriada, durante todo o percurso, carregava a Copa Rio Branco como quem segurava uma criança. A homenagem final ia acontecer na frente do Palácio do Catete. Lá, os jogadores foram recebidos pelo presidente Getulio Vargas – relata Ribeiro.

Pode parecer incrível. Mas tudo o que Leônidas fez naquele distante 1932 poderia ter ficado apenas em sonho. Em 28 de novembro, quando os atletas chegavam ao Porto do Rio para o embarque, o presidente da Confederação Brasileira de Desportos (CBD), Renato Pacheco, procurou o treinador Vinhaes para determinar que Leônidas não fosse escalado. Puro preconceito do dirigente, que parecia acreditar no boato que corria na época de que o craque teria furtado uma jóia de uma senhora em Santos. O técnico, que havia afirmado que não viajaria sem o craque, respondeu que se este embarcasse, seria para atuar.

Nos três dias de viagem de navio, Leônidas teve seus passos e atitudes vigiados. Em um episódio, durante a viagem, no navio, os jogadores haviam pedido vinho. Quando ele ia tomar o primeiro gole, o treinador mandou recolher todas as garrafas. À noite, Leônidas se mostrava um *donjuán*, tirando várias moças para dançar. Em dezembro de 1932, Nacional e Peñarol contratam, respectivamente, Domingos e Leônidas.

Naquela época, eram disputadas, além da Rio Branco, contra os uruguaios, a Copa Roca, entre brasileiros e argentinos, e a Copa O'Higgins, envolvendo as seleções brasileira e chilena. Segundo Chico Anysio, não é difícil entender por que a vitória do Brasil em 1932 foi tão importante.

– Essas Copas tinham um charme todo especial. Cada ano o jogo era num país. Eu me recordo de que me criei vendo o Brasil apanhar da Argentina – conta.

> Leônidas se mostrava um *donjuán*, tirando várias moças para dançar.

Futebol Brasil Memória

França, Copa do Mundo de 1938. Diferentemente da Copa Rio Branco de 1932 e do Mundial de 1934, na Itália, o Brasil, graças ao profissionalismo e à pacificação de seu futebol, mandava de navio à França a melhor seleção que havia preparado até então e uma das melhores de todas, embora não tenha ficado com o troféu.

Com o uniforme branco, que usava naquela época, a seleção brasileira reunia craques do quilate dos zagueiros Domingos da Guia e Machado, do apoiador Zezé Procópio e dos atacantes Leônidas, Luizinho e Patesko. Na campanha, os brasileiros superaram a Polônia por 6 x 5, empataram e ganharam da antiga Tchecoslováquia por 1 x 1 e 2 x 1. Porém, nas semifinais foram derrotados pela Itália por 2 x 1. No último jogo, valendo o terceiro lugar, o Brasil se impôs à Suécia: 4 x 2. Com 8 gols, Leônidas foi o artilheiro da Copa e passou a ser conhecido como rei do futebol naquele tempo.

Na Copa de 1938, Leônidas marca o inesquecível gol com pé descalço.

Entre esses oito gols, um dos mais marcantes foi o sexto no triunfo sobre os poloneses. Foi marcado com o pé esquerdo descalço. No campo enlameado e encharcado do estádio de Estrasburgo, num primeiro chute a bola subiu junto com a chuteira do atacante e foi para as mãos do goleiro polonês Madejski. Quando este repôs a bola em jogo, ela caiu em frente a Leônidas, que se pôs em pé rapidamente e emendou para o gol. O público e os comentaristas elogiaram o atacante brasileiro.

Nas semifinais, porém, Leônidas não pôde enfrentar a Itália por causa de uma distensão muscular, depois da vitória sobre os tchecos. A derrota por 2 x 1 impediu os brasileiros de irem à final.

– Acredito que tenha exercido grande influência na nossa derrota não o fator técnico da minha presença, mas o fator psicológico. A nossa equipe ficou acovardada, sentiu o impacto num momento e no outro pelo fato de um elemento que estava integrado tanto na equipe de baixo (reservas) como na equipe de cima (titulares) e que talvez era um estímulo pelo meu

A magia negra

próprio temperamento. Às vezes, nem sempre jogava bem, mas nunca me conformava com a derrota. Procurava lutar até o final – narrou o próprio atacante em depoimento à Rede Cultura.

Na decisão do terceiro lugar, com a Suécia, os brasileiros ganharam de virada, por 4 x 2, dois gols de Leônidas. Na volta ao Brasil, os jogadores, em especial o craque artilheiro, foram aclamados no Porto do Rio. Leônidas voltou consagrado. Embora seja polêmica a origem do apelido Diamante Negro, se foi criado pelos franceses ou se já era usado na crônica esportiva carioca antes da Copa, é difícil saber. Mas uma indústria de chocolates resolveu adotá-lo para um de seus produtos. Pela primeira vez um jogador de futebol se tornava garoto-propaganda. Reza a lenda que um diretor da fábrica pagou a Leônidas com um maço de notas para utilizar seu apelido. Ele emprestaria o nome também a uma marca de relógios e a outra, de cigarros.

> "Acabo de assistir ao jogo dos brasileiros. Serão eles animais de cinco pernas? Não! Há entre eles um que tem seis."
> *Raymond Thourmagen, jornalista*

O talento de Leônidas na Copa de 1938 encantou o jornalista francês Raymond Thourmagen, do Paris Match, que o elogiou pelo gol e a atuação no 1 x 1 com a antiga Tchecoslováquia, em Bordeaux.

– Acabo de assistir ao jogo dos brasileiros. Serão eles animais de cinco pernas? Não! Há entre eles um que tem seis. Refiro-me a Leônidas. ...Esse homem de borracha, na terra ou no ar, possui o dom diabólico de controlar a bola em qualquer posição, desferindo chutes violentos – não importa de que forma – quando menos se espera. ...Nessa posição de fera atingida, vi Leônidas executar uma série de tesouras com as pernas, aproveitando um centro e golpeando a bola de costas para o gol (a bicicleta). Certamente, seus companheiros são grandes jogadores. Porém, se tivessem esquecido Leônidas no Rio, nosso assombro hoje seria menor. Quando Leônidas faz um gol, pensa-se estar sonhando, esfregam-se os olhos. Leônidas é a magia negra! – escreveu.

Esse texto do jornalista francês é reproduzido em uma das páginas de *O diamante eterno*, biografia de Leônidas da Silva, publicada por André Ribeiro, em 1999. Segundo Ribeiro, a idéia do livro surgiu quando trabalhava no programa "Grandes Momentos do Esporte", da Rede Cultura. Ele percebeu que havia pouca informação sobre o ex-craque, que ao encerrar a carreira havia se transformado num conceituado cronista e comentarista esportivo.

Com base nisso, Ribeiro começou a pesquisar sobre a vida do craque em jornais cariocas e a entrevistar pessoas que o tinham conhecido.

– Leônidas era irreverente, rebelde e tinha uma forte personalidade – resume o autor, considerando que o atacante foi um dos primeiros craques com esse tipo de postura questionadora na história do futebol do país.

Nem melhor, nem pior
29

Quem poderia prever que Leônidas, ex-atacante do pequeno Sírio e Libanês, viria a se tornar um dos maiores nomes da história do futebol internacional e provavelmente o maior de seu tempo no Brasil? Para quem o viu jogar, ele pode ser comparado simplesmente ao maior de todos os craques em todos os tempos. De acordo com Luiz Mendes, radialista da Rádio Globo, a comparação entre Leônidas e Pelé se resolve com uma espécie de equação:

– Leônidas não foi melhor do que Pelé. Mas também não foi pior.

Pouco ou quase nada resta que sirva para documentar as atuações de jogadores como Leônidas, a não ser fotos e crônicas de jornais. Não havia TV nos anos 1930 e 1940, e há poucas imagens dele em filmes. Um dos poucos a terem sido contemporâneos do craque nos campos e que ainda está vivo é o ex-goleiro Oberdan Catani, do Palmeiras e da seleção paulista e brasileira. Foi adversário e companheiro do atacante, a quem admirava:

– Joguei partidas de paulistas contra cariocas, quando ele e Domingos da Guia atuavam pelo Rio. Quem viu, viu. Quem não viu, não vê mais.

Futebol Brasil Memória

Dá saudades. Dei uma entrevista uma vez em que me perguntaram sobre Leônidas e Pelé. Todos disseram que o maior foi Pelé. Eles não viram Leônidas. Para mim, foi Leônidas. Ele dava voleio com ambos os pés e mais a bicicleta. Sem dúvida, ele foi fora de série, uma personalidade nacional. Não tinha medo. Era baixo (cerca de 1,60 m), mas disputava a bola com zagueiros muito mais altos.

Segundo Oberdan, que teve também a chance de jogar com Leônidas na seleção paulista, nos anos 1940, o atacante era um companheiro excelente a quem encontrava na rua às vezes e com quem tomava um café.

> "Se já houvesse TV naquele tempo, todos veriam que o Leônidas foi o maior."
> *Oberdan Catani, ex-goleiro*

– Em 1944, jogamos juntos pela seleção brasileira. Quando jogávamos o paulistas x cariocas lá no Rio, os cariocas o xingavam por ter trocado o Flamengo pelo São Paulo. Aí é que ele jogava mais bola. Podem tirar o chapéu para ele. Não ganhávamos dinheiro. Se já houvesse TV naquele tempo, todos veriam que o Leônidas foi o maior – atesta Oberdan, goleiro palmeirense entre 1940 e 1955 e autor do livro *Muralha verde*.

Para Chico Anysio, entretanto, não vale comparar Leônidas e Pelé.

– Não tem nada a ver compará-los. Pelé não é comparável a ninguém. Com 17 anos, ele fez coisas como matar uma bola no peito, depois de um cruzamento, dar um lençol e fazer o gol (contra o País de Gales, na Copa do Mundo de 1958). Só Pelé. Tabelinhas nas pernas dos adversários? Só Pelé. Pelé criou muitas coisas no futebol – argumenta.

Por sua vez, o biógrafo de Leônidas, André Ribeiro, autor de *O diamante eterno*, assevera, com base em suas pesquisas:

– Ele era o rei do futebol. Porém, perdeu a majestade mais tarde para Pelé. Mário Filho e Nelson Rodrigues o consideravam despeitado em relação a Pelé. Primeiro, como comentarista, Leônidas queria Pelé no lugar de Dida. Porém, depois, Leônidas passou a criticar Pelé. Pelé e ele

Nem melhor, nem pior

nunca se reconciliaram. No entanto, Leônidas foi o rei entre 1930 e 1950. Era a fase romântica do futebol. Nos anos 1940, em que não houve Copa do Mundo, ele foi o maior.

Ao todo, o artilheiro marcou 406 gols na carreira, sendo 25 pelo Bonsucesso; 13 pelo Peñarol; 2 pelo Vasco; 23 pelo Botafogo; 142 pelo Flamengo; 142 pelo São Paulo; 15 pela seleção carioca; 7 pela seleção paulista e 37 pela seleção brasileira. Leônidas da Silva nasceu em São Cristóvão, em 1913. Começou jogando em times pequenos e carregava, segundo o biógrafo, certa frustração por nunca haver jogado pelo time são-cristovense, a cujo título carioca assistira em 1926, aos 13 anos.

Leônidas: o maior nome da história do Bonsucesso.

– Quando menino, ele era torcedor do Fluminense, que era o melhor time da época, tricampeão carioca entre 1917 e 1919. Com seus seis anos de idade, era tricolor, embora todos achassem que fosse rubro-negro. Aqueles títulos do Fluminense ficaram na memória dele – explica Ribeiro.

Time da colônia de sírios e libaneses radicados na cidade, o Sírio e Libanês, que na época ficava no Centro – atualmente se situa em Botafogo, sem se dedicar mais ao futebol –, foi o primeiro time representativo em que o futuro craque iria atuar. Em 1929, metade dos jogadores, liderados pelo técnico Gentil Cardoso – primeiro técnico negro de destaque no Brasil –, mudou-se para o Bonsucesso. Leônidas fez parte daquela leva.

Foi jogando pelo rubro-anil (como o clube da região carioca da Leopoldina é conhecido por causa dos uniformes em vermelho e azul) que o atacante conseguiu a convocação para a seleção brasileira na Copa Rio Branco de 1932 e na Copa do Mundo de 1934. O estádio do Bonsucesso, poucos sabem, tem o nome do craque, embora seja mais conhecido como Teixeira de Castro, nome da rua do bairro de Bonsucesso, onde está situado.

Futebol Brasil Memória

Depois do sucesso na Copa Rio Branco, até pelo fato de não haver ainda no futebol do Brasil o regime profissional, craques que haviam brilhado naquela tarde no Centenário, como Domingos da Guia e Leônidas, foram levados com certa facilidade para o futebol uruguaio, profissional desde o começo da década de 1930.

– Em 1932, Domingos da Guia ficou no Nacional depois da disputa da Rio Branco. Leônidas foi para o Peñarol logo depois da Rio Branco. Ficou um ano no Uruguai. Não se adaptou ao frio. Sofreu contusões. Ele era farrista, e a noite em Montevidéu era famosa. Ele acabou voltando de 1933 para 1934. Ficou com a fama de mercenário porque quando voltou havia a divisão entre ligas profissionais e amadoras. Ainda em 1934, ele ajudou o Vasco a ser campeão carioca. Jogou lá poucos meses, a convite do ex-jogador Bolão (campeão de 1923 e que havia se transformado em dirigente de futebol). Também em 1934 foi para a Copa do Mundo contratado pela Confederação Brasileira de Desportos (CBD), que, curiosamente, era contra o profissionalismo – narra o escritor André Ribeiro.

Para que se entendam as saídas de Domingos e Leônidas, vale lembrar que, com o amadorismo no Brasil e a recusa de vários clubes de assumirem o profissionalismo, os grandes jogadores não tinham outra opção que não a de deixarem o país.

– Leônidas era muito visado pelos clubes estrangeiros e era bem conhecido em outros países sul-americanos, desde 1932. Entretanto, ele não queria ir embora por causa da mãe, dona Maria da Silva, a quem era muito apegado – conta Ribeiro.

Terminada a fraca participação na Copa de 1934 do até então dividido e debilitado futebol brasileiro, Leônidas, sem clube, retornou ao Brasil com o elenco. Foi convidado a atuar pelo Botafogo, mas a diretoria da época adiava sua contratação porque o clube estava acertando com o atleta negro

Leônidas adiava sua saída do país por causa da mãe, Dona Maria da Silva.

Nem melhor, nem pior

Valdemar de Brito (ex-São Paulo). Passar a ter dois afro-descendentes seria demais para o preconceituoso futebol daquele tempo.

O presidente alvinegro, Paulo Azeredo, admitiria ficar com Valdemar, mas não com os dois atacantes da raça negra. Porém, quando Valdemar, primeiro negro a vestir a camisa do Botafogo, foi para o San Lorenzo de Almagro, da Argentina, abriu-se algo como uma vaga para negros, que seria ocupada por Leônidas. Em maio de 1935 ele estreou pelo time de General Severiano, pelo qual conquistaria o Campeonato Carioca daquele ano. Fez 9 gols em 17 partidas pela equipe naquele torneio.

Em 1936, com o futebol carioca ainda dividido entre Liga Carioca de Futebol (LCF) e Federação Metropolitana de Desportos (FMD), a LCF, profissional, queria desbancar de vez a concorrente amadora. Para isso, apostava no apelo popular do Fla-Flu. O Fluminense havia contratado vários jogadores da seleção paulista em busca do título que lhe fugia desde 1924 (outro ano com duas ligas e dois campeonatos). O Flamengo, filiado à mesma LCF, estava em jejum desde 1927. Para ganhar, estava disposto a contratar grandes craques, e Leônidas caberia como uma luva nesses planos. A idéia era tirá-lo do Botafogo. O jogador quis sair, mas o alvinegro levou seis meses, de janeiro a julho, para liberá-lo para o rival rubro-negro.

> No Flamengo, Leônidas cai nas graças da torcida.

– Leônidas chegou ao Flamengo sob a mira da imensa torcida, da imprensa, dos dirigentes e, principalmente, do treinador da época, Flávio Costa, que tinha fama de linha-dura com seus jogadores. Ele precisava provar que não tinha mais ambiente para continuar no Botafogo, e a disciplina rígida que o Flamengo impunha era a oportunidade para mostrar que, daí em diante, tudo seria diferente – escreve Ribeiro.

O jornalista acrescenta que Leônidas reencontraria na Gávea amigos como Fausto, Jarbas e Alfredinho, além do fato de o Flamengo querer

Futebol Brasil Memória

reunir os três mais famosos jogadores da cidade: ele próprio, Domingos e Fausto. Naquele 1936 o Fluminense foi campeão. Mas Leônidas caiu nas graças da torcida. Tanto que, em 1937, o popular cigarro Magnólia realizou um concurso junto aos torcedores para descobrir quem era o craque mais querido. O atacante ganhou com trezentos mil votos, muito mais que o tricolor Hércules, segundo colocado.

– Leônidas era assediado por todos. As mulheres, principalmente, corriam atrás do ídolo, como se fosse um galã de cinema. Os jornais também se viram obrigados a mudar o discurso sobre o irrequieto jogador. O nome Leônidas vendia, e se um diário quisesse aumentar sua venda, era só colocar o seu nome na primeira página e pronto... Ele rendia notícia a todo instante – relata Ribeiro no livro, acrescentando que naquele mesmo 1937 ele se casaria com Lourdes, filha de um juiz de Direito.

Depois de todo o sucesso na Copa de 1938, Leônidas ajudou o Flamengo a pôr fim, em 1939, à sede de títulos que já durava 12 anos. Em 1940, já em crise com a diretoria do Flamengo, que o acusava de corpo mole, acabou preso oito meses, entre 1940 e 1941, em dependências do Exército, na Vila Militar, no Rio, porque não havia cumprido o serviço militar na época em que deveria tê-lo feito. Desgostoso, em litígio com o Flamengo, saiu do clube carioca em 1941 para jogar no São Paulo, onde viveria sua época de ouro e permaneceria até encerrar a carreira, em 1950. Pelo tricolor do Morumbi, foi campeão paulista em 1943, 1945, 1946, 1948 e 1949.

– Na época, o Flamengo também não via os negros com bons olhos, e Leônidas saiu de lá brigado. Processou o então presidente, Gustavo de Carvalho, por racismo, invocando a Lei Áurea (da Abolição da Escravatura, em 1888). Antes da Copa de 1950, Flávio Costa não quis convocá-lo, embora ele estivesse jogando na época. Dizem que se ele estivesse na seleção de 1950, o Brasil não perderia aquela Copa – sustenta Ribeiro, acrescentando que o craque não criou, mas popularizou a bicicleta,

Depois de uma briga com o Flamengo, Leônidas vai brilhar no São Paulo.

Nem melhor, nem pior

que servia não só para tentar o gol, como para ferir as cabeças dos adversários, sob o pretexto de ter tentado um lance de gol.

Ainda sobre a relação de Leônidas com o Flamengo, segundo Ribeiro, a situação se tornou insustentável quando o jogador se disse machucado, não podendo viajar para a Argentina, em 1940. Foi obrigado a viajar sem bagagem e com o passaporte apreendido. Em Buenos Aires, ficou preso no hotel e foi examinado por um médico.

– Sem ele, o time perdeu o jogo na Argentina, e Leônidas caiu em desgraça. Ele processou o clube e guardou por toda a vida os exames que provavam que ele tinha problemas nos ligamentos – acrescenta o escritor.

"Garoto, nunca se esqueça: nome não ganha jogo."
Leônidas da Silva

Admirador e companheiro de Leônidas no São Paulo, nos anos 1940, o ex-lateral esquerdo Antônio Ferreira D'Azambuja, o Azambuja, de oitenta anos, atribui ao craque carioca uma mudança histórica no tricolor paulista, até então considerado menos importante no futebol daquele estado. Quando de sua chegada do Rio, em um trem, Leônidas foi carregado em triunfo nos ombros dos torcedores da estação até a sede do clube, na época (1942) no Centro de São Paulo.

– Leônidas mudou a vida do São Paulo, como Di Stefano, a do Real Madrid. Ali, começou a grandeza do clube, que passaria a fazer frente a Palmeiras e Corinthians – recorda Azambuja, que ao lado de seu ídolo ajudou a ganhar títulos paulistas na década de 1940.

Juvenil no início dos anos 1940, Azambuja se lembra até hoje de um diálogo com Leônidas, a quem considerava um professor. O craque era seco, mas honesto e sempre pronto a corrigir quem errasse.

– Eu o chamava de Seu Leônidas. Uma vez perguntei a ele: "Com o nome que o senhor tem, o senhor sai de campo e torce a camisa para secar o suor. Era pra sair de campo com a camisa limpa." Leônidas

Futebol Brasil Memória

me respondeu: "Garoto, nunca se esqueça: nome não ganha jogo. Se você não for pra cima, não ganha." Ele ia pra cima dos adversários e apanhava uma barbaridade. Era valente. Vi poucos tão valentes quanto ele - diz Azambuja.

Segundo o ex-lateral, Leônidas, depois da Copa de 1938, se tornara no país mais que um ídolo. Algo como um semideus.

- Em 1938 (ano da Copa do Mundo), eu tinha uns 13 anos. Eu me lembro de que já adorava futebol. Ouvia falar dele e achava que ele não era um ser humano. Para mim, ele era um fenômeno! Preferi não vê-lo doente, no fim da vida, para guardar a sua imagem como Homem de Borracha e Diamante Negro - emociona-se Azambuja, confirmando a fama de conquistador de Leônidas:

- Quando acabava o treino, havia mulher que chegava de carro esperando para levá-lo.

Leônidas: um poema vivo para Dona Albertina.

Grande amor da vida de Leônidas, dona Albertina dos Santos, viúva do craque e jornalista, guarda com carinho muitas lembranças do marido. Ela o conheceu em São Paulo, em 1954, quando o ex-jogador já trabalhava na imprensa esportiva. Em companhia dele, foi às Copas do Mundo de 1966, 1970 e 1974, quando ele se aposentou e passou a trabalhar no Departamento de Lazer da Secretaria de Trabalho.

Entre várias empresas de comunicação, Leônidas trabalhou na Rede Record, rádio Jovem Pan e no jornal Última Hora, tendo recebido por sete vezes o Troféu Roquete Pinto. Nascido em 6 de setembro de 1913, no Rio, morreu em 24 de janeiro de 2004, em um sanatório em Cotia, na Grande São Paulo. Foi vítima do mal de Alzheimer, que causa a degeneração das funções cerebrais.

- Tudo o que diz respeito a ele é a minha vida. Ele foi tudo para mim - afirma a viúva.

Nem melhor, nem pior

Dona Albertina diz que Leônidas lhe falava muito de sua carreira.
– Ele gostava de falar do tempo dele, quando esteve no Uruguai com Domingos da Guia. Lembrava que na Copa de 1938 foram de navio para a França, durante dias. Antes da Copa de 1950, no Brasil, o técnico Flávio Costa não o convocou. Ele admirava muito Garrincha e Domingos da Guia – conta ela.
Ainda apaixonada por alguém que para ela valia muito mais que um tesouro de diamantes, dona Albertina resumiu em um poema, em 1957, toda a admiração pelo marido:
"Te chamaram Diamante/Negro – pelo brilho, pela cor/Borracha – Ah, aquele jeito, aquela bossa/indo e vindo como um záz!/Bicicletavas no ar,/Pois o espaço/só o espaço, sem limites/poderia limitar-te...Teu nome ainda é Diamante Negro – pelo brilho, pela cor – lapidado pelos anos que viveste/e por estes em que vives/e encontras/novas formas de viver/construídas não apenas/por teus pés/por tuas mãos/ou tuas falas no ar./Mas por algo que te vai dentro/– herança da gente forte. Poucos sabem como eu./E como eu hão de lembrar!"

Conclusão

Pensando com os pés

Graciliano Ramos e Lima Barreto eram mestres da literatura. Grandes escritores. Porém, pisaram ou tropeçaram na bola quando previram, no final dos anos 1910 e começo dos anos 1920, que o futebol não iria pegar, isto é, que jamais se tornaria um sucesso no Brasil. Eles se enganaram. Hoje, esse esporte de origens imemoriais, organizado e civilizado pelos ingleses no século XIX, é no Brasil uma religião leiga, com rituais, ídolos, templos, símbolos sagrados, legiões de devotos torcedores e a comunhão de grandes massas (as torcidas) na comemoração de um gol ou de um título de um clube popular ou da seleção brasileira na Copa do Mundo.

Futebol: uma religião leiga.

Em artigos na Revista USP – Dossiê Futebol, da Universidade de São Paulo (de 1994, antes da Copa do Mundo em que o Brasil ganharia o tetracampeonato), vários estudiosos de cultura, Sociologia e Antropologia escreveram sobre a importância do futebol no país. De acordo com os especialistas, o futebol teria caído no gosto do público brasileiro por ter se constituído no primeiro espaço de convívio democrático, numa sociedade recém-saída do Império e do regime escravista, em que prevaleciam o nome, a ascendência nobre, a origem, o "sabe com quem está falando".

No futebol são 11 contra 11, e o confronto é mediado por juízes e bandeirinhas. Pelo menos no futebol, se isso não era – nem é – possível em outros setores da sociedade, pobres semi-analfabetos podem superar ricos doutores.

– Foi certamente essa humilde atividade, esse jogo inventado para divertir e disciplinar que, no Brasil, se transformou no primeiro

Pensando com os pés

professor de democracia e igualdade. Pois não foi por intermédio do nosso Parlamento que o povo aprendeu a respeitar as leis, mas assistindo a jogos de futebol – escreve o antropólogo Roberto DaMatta em seu artigo no Dossiê Futebol, da USP.

Ele prossegue, observando que, embora tenha sido inventado na Inglaterra (na forma que o conhecemos), o futebol é freqüentemente tido dentro e fora do país como algo genuinamente brasileiro, assim como a mulata, o samba, a feijoada e a saudade.

No entender de DaMatta, tanto o esporte (no caso, o futebol) quanto a arte promovem uma espécie de feriado ou pausa no corre-corre pelo trabalho e pelo dinheiro, algo típico da sociedade contemporânea. E talvez por isso mesmo esporte e arte sejam coisas pelas quais as pessoas se sintam tão apaixonadas e tenham tanto prazer em saborear, como o cinema, o teatro, a telenovela, um livro de ficção, uma exposição de esculturas ou pinturas, um *show* musical ou um simples pagode na esquina.

Para o antropólogo, esse esporte serve também para disciplinar as massas por meio de suas regras e para promover o fair play, o jogo limpo, isto é, a idéia de competição honesta. No futebol cada um tem o direito de escolher um time e há um igualitarismo, porque mesmo que o melhor time do campeonato enfrente o mais fraco, toda a ação começa de zero a zero, e o mais fraco pode até ganhar do mais forte (isso dificilmente ocorre no basquete e no vôlei, por exemplo).

Segundo DaMatta, o fato de o futebol ser jogado com os pés o torna mais atraente aos brasileiros, por ser mais imprevisível do que as modalidades praticadas com as mãos:

– Isso engendra imprecisão tática, exige uma grande qualidade técnica dos jogadores e faz com que o jogo decorra num ritmo de altas improbabilidades, mesmo quando um time muito superior joga

"Jogado com os pés, o futebol fica menos previsível."
Roberto DaMatta, antropólogo

> "O futebol é o fenômeno mais globalizado do planeta."
> *Franklin Foer, jornalista*

com um time notavelmente inferior. Jogado com os pés, o futebol fica menos previsível, o que faz com que nele se insinuem as idéias de sorte, destino, predestinação e vitória. Com isso, pode-se imediatamente ligar futebol com religião e transcendência no caso brasileiro.

Esse aspecto semi-religioso do futebol no Brasil foi observado pelo jornalista norte-americano Franklin Foer, autor do livro *Como o futebol explica o mundo – Um olhar inesperado sobre a globalização*. Para escrever sua obra, ele percorreu vários países, incluindo o Brasil, para ver como cada sociedade encarava o fenômeno do futebol. Em entrevista ao jornal O Globo, em março de 2005, Foer declarou:

– Essa dimensão religiosa ...reflete perfeitamente a maneira como a nação se sente em relação a esse esporte.

Ao falar do Brasil em seu livro, Foer critica os dirigentes, a quem acusa de corruptos e pede uma intervenção do Governo para a moralização desse esporte no país. Apela para que os torcedores exijam seus direitos como consumidores, para mudanças nos clubes e a permanência dos craques no país. Entretanto, ele acha que nem a desonestidade, a exportação dos craques, ou o atraso no processo de modernização do futebol poderá matar a paixão por esse jogo no Brasil.

– O futebol é uma parte tão importante da alma brasileira que não posso imaginar algo que o destrua. Mas a corrupção prejudica o prazer do esporte por parte dos torcedores. Se não fosse pela corrupção, os estádios estariam em condições muito melhores, e os jogadores não iriam voar em bandos para a Europa. E as competições locais seriam muito mais respeitadas no exterior – analisou.

Embora seja o esporte de maior projeção no mundo, o futebol sempre terá um caráter local em cada país, segundo Foer:

– O futebol é o fenômeno mais globalizado do planeta. Nada, nem as finanças internacionais, nem a indústria do cinema, nem o Wal-Mart

Pensando com os pés

(rede de varejo dos EUA) é mais globalizado. Então, achei que poderia fazer dele um excelente laboratório para estudar a globalização, para ver no que tudo isso daria. É interessante que as pessoas parecem resistir à globalização. Com toda a badalação ao redor de Real Madrid e Manchester United, esses times ainda dão grande importância a seus torcedores locais. O mundo mudou, mas Vasco x Flamengo e São Paulo x Corinthians ainda conseguem gerar incríveis quantidades de calor e paixão. As pessoas ainda amam seus clubes intensamente.

De acordo com o que o teólogo Leonardo Boff escreveu em seu *site*, qualquer povo precisa de um espelho em que possa se ver, elevar sua auto-estima e entrever um amanhã positivo. Ele entende que no Brasil o futebol se relaciona com festa, jogo, alegria de viver, superabundância de sentido e inclusão de todos, e do qual todos acham que entendem:
– É no âmbito do futebol que pessoas do povão, tidas como zeros sociais e econômicos, podem irromper como heróis e vir a brilhar como uma estrela nacional e internacional. É no futebol que podemos mostrar nossa criatividade e força de improvisação. O bom jogador controla a bola com a perfeição que um técnico da Nasa controla sua nave espacial. ...É pelo futebol que interpreta o mundo ...como uma realidade carregada de esperança, pois até no último minuto se pode virar o jogo. É o lugar da paixão, do sofrimento, das rezas fortes, das promessas aos santos, das alegrias incontidas, do congraçamento. A futebol não se assiste sozinho. Precisa-se da galera para comentar, para largar os palavrões libertadores, para comemorar e, no final, para tomar o chope com os amigos. É aqui que se encontra um espelho no qual nos vemos e temos mil razões para nos orgulhar, pois somos bons, quem sabe, os melhores do mundo, senão de fato, sempre na esperança.
Nessa mesma linha de pensamento, o professor Ricardo Lucena,

> No futebol, o brasileiro mostra criatividade e improvisação.

Futebol Brasil Memória

doutor em Educação Física pela Unicamp e professor da Universidade Federal da Paraíba, destaca que apesar de todas as opiniões contrárias ao futebol, quando de sua chegada ao país, este só fez crescer na aceitação do povo, possivelmente por poder ser praticado em espaços variados, como campo, rua, areia e até com uma bola de meia.

> Estádios são locais para se extravasarem emoções.

– Vários fatores fizeram do futebol um sucesso. No caso do Brasil, é uma forma de vivenciar e extravasar emoções de uma maneira socialmente aceitável. O futebol era e é um espaço em que as manifestações eram e são permitidas. Nele, as posturas formais do cavalheiro e da dama perdem um pouco o seu rigor. Esse é um dos fatores que contribuíram para o sucesso do futebol – aponta.

Lucena, que escreveu o livro *O esporte na cidade*, tendo como análise o remo e o turfe no Rio do século XIX, observa ainda que a proximidade física entre os atletas e o público também colaborou para a popularização do futebol:

– O remo é praticado numa distância em relação ao público, que é diferente da do futebol. O contato de um remador com o torcedor era bem menor. No futebol, a proximidade física entre público e atletas (especialmente no começo do futebol brasileiro, até os anos 1940, quando os estádios eram menores) foi importante para difundir e despertar o gosto pelo esporte.

Voltando à análise de DaMatta, ele observa que o futebol exige um jogo coletivo, algo raro no dia-a-dia dos brasileiros, acostumados ao clientelismo. Outro ponto importante é que esse esporte dá ao povo, especialmente aos pobres, a sensação da vitória e do triunfo:

– O futebol proporciona à sociedade brasileira a experiência da igualdade e da justiça social. Pois ...reafirma simbolicamente que o melhor, o mais capaz e o que tem mais mérito pode efetivamente vencer. ...No futebol, não há golpes.

Pensando com os pés

Além dessa lição de democracia e igualdade, foi e tem sido em torno do futebol, mais especificamente da seleção brasileira, que o povo brasileiro tem demonstrado um amor à pátria que muitas vezes parecia inexistente.

– O povo pôde finalmente juntar os símbolos do Estado nacional (a bandeira, o hino e as cores nacionais), esses elementos que sempre foram propriedade de uma elite restrita e dos militares, aos seus valores mais profundos. Ainda é o futebol que nos faz ser patriotas. ...Foi, portanto, só com o futebol que conseguimos no Brasil somar Estado nacional e sociedade – enfatiza DaMatta.

Sem a pretensão de fazer sociologia do futebol – mas sem cair no erro de achar que ele é apenas mais um esporte, e não um fenômeno social, cultural, esportivo, político e econômico –, este pouco representaria hoje para o povo carioca e brasileiro não fossem dezenas de grandes craques que desde o final do século XIX têm dado alegrias a torcedores de vários clubes do Rio e do país.

O futebol pouco ou nada significaria não fossem também clubes centenários, cujas histórias e bandeiras os tornam mais importantes no país do que qualquer partido político, por exemplo (nenhum partido político brasileiro tem cem anos, ao contrário do que ocorre em democracias mais antigas e mais estáveis na América do Norte e na Europa).

Clubes grandes, no Brasil, são como algo que se herda da família, como uma religião. O jogo da bola com os pés foi capaz de driblar as previsões dos intelectuais do começo do século passado porque os jogadores brasileiros foram capazes de tornar o país mundialmente reconhecido, admirado e amado não só por causa dos cinco títulos mundiais da seleção brasileira, mas por outras conquistas internacionais da equipe verde-e-amarela e de grandes clubes do

> Clubes grandes são como algo que se herda da família, como uma religião.

Futebol Brasil Memória

país. Por tudo isso e algo mais, o futebol pegou, ao contrário do que diziam Lima Barreto e Graciliano Ramos.

O jornalista Sérgio Garcia, autor de *Rio de Janeiro – passado e presente* e estudioso da história da cidade, lembra que duas paixões do povo brasileiro, o futebol e a música popular brasileira (MPB), fazem parte do caráter do país, mas, como outras coisas no Brasil, são vítimas de certo descaso.

"O futebol é o principal elemento da cultura nacional."
Sérgio Garcia, jornalista

– O futebol é o principal elemento da cultural nacional. Creio que sejam o futebol e a MPB. Mas são elementos mal explorados no exterior. O Brasil poderia explorar melhor a imagem do futebol. A identificação entre Brasil e futebol é imediata. No Rio, o futebol, o samba e a praia são imediatamente identificados com a cidade. O curioso é que, na cultura carioca, futebol e escolas de samba nunca tiveram envolvimento entre si. Ambos têm tanta força, se respeitam, mas cada um faz seu próprio caminho – sustenta.

O também jornalista e escritor Sérgio Cabral opina que atualmente o futebol é no país como uma verdade, uma cultura. Ele recorda que nos anos 1970, quando a oposição criticava o regime militar, integrantes de grupos e organizações de esquerda acusavam o esporte de ser o novo ópio do povo, algo que servia para que o povo, especialmente as classes mais baixas, esquecesse a dureza do dia-a-dia e a necessidade de mudar sua realidade. Com um episódio verídico, Cabral contesta esse ponto de vista:

– Uma vez, um ex-membro de uma organização guerrilheira, que tinha estado preso, me contou que no quartel em que estava detido, junto com outros prisioneiros políticos, todos tinham de ficar deitados de bruços, em silêncio. Um dia, um sentinela reconheceu um preso e puxou conversa. Esse rapaz que eu conheci aproveitou e perguntou ao guarda: "Sabe quanto foi Vasco x Volta Redonda?" O sentinela

Pensando com os pés

respondeu: "Vasco 1 x 0." O meu conhecido ganhou coragem e perguntou: "Gol de quem?" O guarda respondeu rápido: "De Marco Antonio. Mas cala a boca, ou eu te mato." Esse rapaz me disse que estava preso, mas ficou aliviado. Isso mostra quanto o futebol representa para alguém mesmo que esteja sob risco extremo.

Futebol não é ópio, para Cabral, porque vários governantes já foram vaiados em estádios:

– Por isso, governantes que não são queridos não vão a estádios. O estádio de futebol é um lugar para as pessoas se manifestarem, às vezes com exagero. Em relação ao Rio, é impossível pensar esta cidade sem o futebol.

Doutor em Educação Física e professor da Universidade Estadual de Campinas, Jocimar Daolio considera que parece ter havido uma combinação entre as regras do futebol e o contexto cultural brasileiro.

– Basta observarmos quanto o futebol está presente em nossas vidas. Quantas músicas retrataram o futebol; quantos filmes, peças de teatro e novelas tiveram o futebol como personagem principal ou cenário para suas tramas; quantas horas diárias a imprensa televisiva e radiofônica gastam com o futebol; quanto espaço diário de jornal é dedicado a esse esporte, em detrimento da cobertura de outros; quantas emissoras de rádio transmitem o mesmo jogo nas tardes de domingo. É interessante observar como nosso cotidiano está impregnado de termos futebolísticos, como pisar na bola (cometer uma falha), fazer o meio-campo (fazer um contato), dar um chute (fazer uma tentativa, arriscar-se), bater na trave (ficar bem perto de alcançar o objetivo), fazer um gol de placa (brilhar no que se está fazendo) e assim por diante. Essas gírias são utilizadas por todos, mesmo aqueles que não são torcedores fanáticos. O fato é que essas

Futebol: nas músicas, nos filmes, nas novelas, na imprensa, nas rádios, na linguagem, na vida.

expressões foram incorporadas pela sociedade brasileira, tendo claro significado no cotidiano de todas as pessoas - escreve Daolio, chamando a atenção também para a fidelidade dos torcedores a seus clubes, mesmo que sejam rebaixados para a Segunda Divisão.

Além dos vários argumentos destacados pelos estudiosos e de todos os grandes craques e títulos conquistados pelo futebol do Brasil, essa modalidade não teria despertado uma paixão tão grande no povo deste país se não fosse algo observado pelo radialista Luiz Mendes, comentarista da Rádio Globo.

- O futebol imita a vida, em que um dia se ganha e no outro se perde - filosofa.

É provavelmente tal capacidade do futebol de espelhar a vida, especialmente a da grande parcela sofrida do povo, com suas alegrias e esperanças, tristezas e angústias, que tem feito dele um símbolo da vida nacional: a outra cara do Brasil.

Linha de tempo
Futebol

I - Pré-história do futebol

1863 Em Londres, são instituídas as 17 regras do football association, o futebol, e é criada a Football Association, equivalente à Federação Inglesa.

1864 Há registros de que marinheiros europeus teriam disputado peladas (partidas informais) no Rio.

1871 Disputada a primeira Copa da Inglaterra de Clubes.

1872 Fundado na cidade o Rio Cricket Club, atual Paissandu Atlético Clube.

1874 Nasce em São Paulo Charles Miller, considerado o pai do futebol no país.

Marinheiros europeus jogam peladas no Rio.

1880 Nasce no Rio Oscar Cox, introdutor do futebol nesta cidade.

1894 Fundado o Clube de Regatas Botafogo, que em 1942 se uniria ao Botafogo Futebol Clube (de 1904), formando o atual Botafogo Futebol e Regatas.

O paulista Charles Miller desembarca em São Paulo, de volta da Inglaterra, com duas bolas de futebol e um livro de regras.

1895 Fundado o Clube de Regatas do Flamengo.

1897 Alunos de um colégio católico em Petrópolis praticam o futebol no recreio.

Oscar Cox, carioca que estudara na Suíça, volta ao Rio com uma bola de futebol.

1898 São criados o Club de Regatas Vasco da Gama e o Club de Regatas São Christovam.

1900 Fundados o Rio Grande (RS) e a Ponte Preta (SP), os dois primeiros clubes do país dedicados à prática desse esporte.

Linha do tempo

1901 Primeiro amistoso disputado no Estado do Rio, em Niterói. Em São Paulo, ocorrem os dois primeiros amistosos cariocas x paulistas.
1902 Fundados o Rio Football Club e o Fluminense Football Club.
1904 Criados no Rio o The Bangu Athletic Club, o Botafogo Futebol Clube e o América Futebol Clube.
Ano de instituição da Fifa.
1905 Iniciadas as atividades da Liga Metropolitana de Futebol.
1906 Inaugurado na Enseada de Botafogo o Pavilhão de Regatas, prova da força do remo, o esporte mais popular da época.

II - Surge o Campeonato Carioca

1906 Disputado o primeiro Campeonato Carioca de Futebol. O Fluminense é o primeiro campeão.
1907 Liga Metropolitana proíbe jogadores negros, afetando diretamente o Bangu, que se retira da entidade.
Campeonato Carioca não é decidido. Fluminense e Botafogo se proclamam campeões.
1908 Uma seleção argentina faz amistosos contra times no Rio.
1910 Corinthian Team inglês faz amistosos em São Paulo e no Rio.
1911 Atletas do Fluminense, então campeão carioca, deixam o clube e abrem o setor de futebol do Flamengo.
1912 Primeira cisão da história do futebol do Rio. O Botafogo deixa a Liga Metropolitana de Sports Athleticos e funda a Associação Carioca de Football, da qual é campeão. O Paysandu é o campeão da Liga MSA.
1914 O Flamengo é bicampeão carioca, em 1914 e 1915.
A seleção brasileira faz seus primeiros jogos e ganha a primeira taça, a Copa Roca.
1916 O Vasco, clube de remo, começa a jogar futebol na Terceira Divisão do Rio.

1919 Inaugurado o estádio do Fluminense, em Laranjeiras, sede do Sul-americano conquistado pelo Brasil. O Fluminense é tricampeão carioca.
1922 O Brasil é campeão sul-americano pela segunda vez.
O América é campeão do Centenário da Independência.

III - Guerra e paz

1923 O Vasco, campeão da Segunda Divisão de 1922, é o primeiro time a ser campeão carioca da Primeira Divisão, contando em sua equipe com atletas negros.
A Confederação Brasileira de Desportos (CBD) se filia à Fifa.
1924 Nova cisão no futebol carioca pela polêmica sobre o suposto profissionalismo de atletas do Vasco. Os vascaínos são campeões da Liga Metropolitana de Desportos Terrestres (LMDT), e o Fluminense, da Amea (Associação Metropolitana de Esportes Atléticos).
1926 O São Cristóvão é campeão do Rio.
1927 Inaugurado o estádio do Vasco, o maior da cidade na época.
1928 O Botafogo inaugura a sede de General Severiano.
1930 Disputada no Uruguai a primeira Copa do Mundo.
1932 Em Montevidéu, o Brasil ganha a Copa Rio Branco. Leônidas da Silva e Domingos da Guia começam a se tornar astros do futebol do país.
1933 Por força de lei, o futebol passa a ser profissional no país. No Rio e em São Paulo há cisões com duas ligas em cada cidade, uma a favor e outra contra o profissionalismo. Essas divisões duram até 1936.
1934 A Itália é o país-sede da segunda Copa do Mundo.
No Rio e em São Paulo, ocorrem as primeiras transmissões radiofônicas de jogos de futebol.

Linha do tempo

1935 O Botafogo é tetracampeão, entre 1932 e 1935, na liga amadora.
1936 Primeira transmissão internacional de futebol para o Brasil (Campeonato Sul-americano).
1937 Dirigentes dos clubes do Rio se reúnem e põem fim à cisão, pacificando o futebol carioca.
1938 O Flamengo inaugura seu estádio, na Gávea.
Na França, o Brasil fica em terceiro lugar na terceira Copa do Mundo. Leônidas é o artilheiro da Copa.

Linha de tempo
Sociedade

I - Brasil Colônia
1808 Dom João VI e a Família Real portuguesa chegam ao Brasil e promovem a Abertura dos Portos às Nações Amigas.
1816 O pintor francês Jean Baptiste Debret, membro da Missão Artística Francesa, pinta cenas da cidade.
1818 Dom João VI inaugura no Rio uma praça de touradas.

II - Independência ou morte
1822 Dom Pedro I declara a Independência do Brasil
1837 Começam a circular no Rio os primeiros omnibus.
1850 Proibido o tráfico de escravos no Brasil.
1856 Circulam no Rio os primeiros bondes com tração animal.
1858 Inaugurada a Estrada de Ferro Central do Brasil, do Rio a Magé.

Futebol Brasil Memória

III - Abolição e República

1888 Proclamada a Abolição do regime escravista no Brasil.
1889 O Brasil adota o sistema republicano de governo.
1889 Chega ao país o movimento cultural denominado Belle Époque.
1892 Circulam no Rio os primeiros bondes elétricos.
1895 No Rio acontecem as primeiras sessões de cinema do país.
1897 Surge na cidade a primeira favela, no Morro da Providência.
1903 Rodrigues Alves assume a Presidência da República. Ele e o prefeito Pereira Passos dão início à reforma urbana do Rio, capital federal.
1904 Inaugurada a Avenida Central, que em 1912 passa a se chamar Avenida Rio Branco. Para abrir a avenida, o Governo e a Prefeitura demoliram cortiços e barracos no Centro do Rio.
Ocorre na cidade a Revolta da Vacina (contra a obrigatoriedade da vacinação).
1910 Proibidas as touradas no Rio.
1914 Primeira Guerra Mundial, até 1918.
1917 É gravada no Rio a canção "Pelo telefone", o primeiro samba.
1922 Para a Exposição do Centenário da Independência, é posto abaixo o Morro do Castelo.
Em São Paulo, mas com influência nacional, é realizada a Semana de Arte Moderna.
1928 Criada a primeira escola de samba carioca, a Deixa Falar, atual Estácio de Sá.
1929 A queda da Bolsa de Valores de Nova York, nos EUA, tem influência na economia mundial.
1930 Getulio Vargas assume o poder no Brasil.

Linha do tempo

1932 Realizado no Rio o primeiro desfile oficial de escolas de samba. Revolução Constitucionalista em São Paulo.

1937 Getulio Vargas se torna um ditador e institui o Estado Novo. Vargas realiza no estádio de São Januário várias concentrações cívicas e políticas para conquistar o operariado.

Futebol Brasil Memória

Tabelas

Tabela I (*) - Títulos dos clubes cariocas

América

Campeão dos campeões (1982); Campeonatos Estaduais do Rio (1913, 1916, 1922, 1928, 1931, 1935, 1960)

Bangu

Campeonatos Estaduais do Rio (1933, 1966)

Botafogo

1 Copa Conmebol (1993); 1 Campeonato Brasileiro (1995); 1 Taça Brasil (1968); 4 Torneios Rio-São Paulo (1962, 1964, 1966 e 1998); 18 Campeonatos Estaduais do Rio (1907, 1910, 1912, 1930, 1932, 1933, 1934, 1935, 1948, 1957, 1961, 1962, 1967, 1968, 1989, 1990, 1997 e 2006)

Flamengo

1 Mundial Interclubes (1981); 1 Copa Libertadores da América (1981); 1 Copa Mercosul (1999); 5 Campeonatos Brasileiros (1980, 1982, 1983, 1987 - Copa União - e 1992); 2 Copas do Brasil (1990 e 2006); 1 Torneio Rio-São Paulo (1961); 28 Campeonatos Estaduais do Rio (1914, 1915, 1920, 1921, 1925, 1927, 1939, 1942, 1943, 1944, 1953, 1954, 1955, 1963, 1965, 1972, 1974, 1978, 1979, 1979 Especial, 1981, 1986, 1991, 1996, 1999, 2000, 2001 e 2004); Copa dos Campeões (2001)

Fluminense

1 Campeonato Brasileiro (1984); 1 Série C do Brasileiro (1999); 1 Torneio Roberto Gomes Pedrosa (1970); 2 Torneios Rio-São Paulo (1957 e 1960); 30 Campeonatos Estaduais do Rio (1906, 1907, 1908, 1909, 1911, 1917, 1918, 1919, 1924, 1936, 1937, 1938, 1940, 1941, 1946, 1951, 1959, 1964, 1969, 1971, 1973, 1975, 1976, 1980, 1983, 1984, 1985, 1995, 2002 e 2005)

Paissandu

1 Campeonato Carioca (1912)

São Cristóvão

1 Campeonato Carioca (1926)

Vasco

1 Copa Libertadores da América (1998); 1 Campeonato Sul-americano (1948); 1 Copa Mercosul (2000); 4 Campeonatos Brasileiros (1974, 1989, 1997 e 2000); 3 Torneios Rio-São Paulo (1958, 1966 e 1999); 22 Campeonatos Cariocas (1923, 1924, 1929, 1934, 1936, 1945, 1947, 1949, 1950, 1952, 1956, 1958, 1970, 1977, 1982, 1987, 1988, 1992, 1993, 1994, 1998 e 2003)

Campeões cariocas e estaduais

Ano	Campeão
1906	Fluminense
1907	Botafogo e Fluminense (1)
1908	Fluminense
1909	Fluminense
1910	Botafogo
1911	Fluminense
1912	Paysandu e Botafogo (2)
1913	América
1914	Flamengo
1915	Flamengo
1916	América
1917	Fluminense
1918	Fluminense
1919	Fluminense
1920	Flamengo
1921	Flamengo
1922	América
1923	Vasco
1924	Fluminense (Amea) e Vasco (LMDT) (3)
1925	Flamengo
1926	São Cristóvão

Ano	Campeão
1927	Flamengo
1928	América
1929	Vasco
1930	Botafogo
1931	América
1932	Botafogo
1933	Bangu (LCF) e Botafogo (Amea) (4)
1934	Vasco (LCF) e Botafogo (Amea)
1935	América (LCF) e Botafogo (FMD)
1936	Fluminense (LCF) e Vasco (FMD)
1937	Fluminense (5)
1938	Fluminense
1939	Flamengo
1940	Fluminense
1941	Fluminense
1942	Flamengo
1943	Flamengo
1944	Flamengo
1945	Vasco
1946	Fluminense
1947	Vasco

Ano	Campeão
1948	Botafogo
1949	Vasco
1950	Vasco
1951	Fluminense
1952	Vasco
1953	Flamengo
1954	Flamengo
1955	Flamengo
1956	Vasco
1957	Botafogo
1958	Vasco
1959	Fluminense
1960	América
1961	Botafogo
1962	Botafogo
1963	Flamengo
1964	Fluminense
1965	Flamengo
1966	Bangu
1967	Botafogo
1968	Botafogo
1969	Fluminense
1970	Vasco

Futebol Brasil Memória

Ano	Campeão	Ano	Campeão	Ano	Campeão
1971	Fluminense	1983	Fluminense	1995	Fluminense
1972	Flamengo	1984	Fluminense	1996	Flamengo
1973	Fluminense	1985	Fluminense	1997	Botafogo
1974	Flamengo	1986	Flamengo	1998	Vasco
1975	Fluminense	1987	Vasco	1999	Flamengo
1976	Fluminense	1988	Vasco	2000	Flamengo
1977	Vasco	1989	Botafogo	2001	Flamengo
1978	Flamengo	1990	Botafogo	2002	Fluminense
1979	Flamengo (Especial) e Flamengo (6)	1991	Flamengo	2003	Vasco
		1992	Vasco	2004	Flamengo
1980	Fluminense	1993	Vasco	2005	Fluminense
1981	Flamengo	1994	Vasco	2006	Botafogo
1982	Vasco				

Notas

1 Botafogo e Fluminense terminaram empatados em primeiro lugar em 1907. Ambos reivindicaram o título, mas a Liga Metropolitana de Football, que organizava o campeonato naquela época, se julgou incompetente para resolver a questão. Em 1993, a atual Federação de Futebol do Estado do Rio de Janeiro (Ferj) dividiu o título.

2 O Paysandu foi campeão pela Liga Metropolitana e o Botafogo, pela Associação de Football do Rio de Janeiro, fundada pelo próprio alvinegro e que durou um ano.

3 Clubes como Flamengo, Fluminense e Botafogo abandonaram a Liga Metropolitana de Desportos Terrestres (LMDT) e fundaram a Associação Metropolitana de Esportes Athleticos (Amea), em 1924. O Vasco, campeão de 1923, se recusou a ingressar na Amea para não ter de eliminar seus atletas negros e oriundos de classes mais baixas. Em 1925, o Vasco entrou na Amea, depois de suspensas as exigências do ano anterior.

4 Até 1932 todos os clubes eram amadores, oficialmente, mas praticavam o amadorismo marrom, pagando os chamados bichos (gratificação por vitória). Em 1933, vários clubes, entre eles os clubes grandes, à exceção do Botafogo, romperam com a Confederação Brasileira de Desportos (CBD) e adotaram o profissionalismo, criando a Liga Carioca de Futebol (LCF). A CBD continuou reconhecendo oficialmente a Amea, na qual o Botafogo permaneceu. Daí ter havido a cisão em duas ligas.

5 Em 1937, ocorre a fusão da LCF e da FMD na Liga de Futebol do Rio de Janeiro, que, em 1941, passou a se chamar Federação Metropolitana de Futebol.

6 Em 1979 houve dois campeonatos, um Especial e o outro Estadual, ambos vencidos pelo Flamengo. A fusão dos Estados do Rio de Janeiro e da Guanabara, em 1974, foi finalizada no âmbito futebolístico em 1979, com a criação da Federação de Futebol do Estado do Rio de Janeiro (clubes do interior do estado já vinham participando do campeonato desde 1975). Para marcar a mudança do nome, a nova entidade realizou o denominado Campeonato Especial.

Resumo: Fluminense, 30 títulos; Flamengo, 28; Vasco, 22, Botafogo, 18; América, 7; Bangu, 2; São Cristóvão e Paysandu, 1

Taça Guanabara

A Taça Guanabara é praticamente um campeonato à parte dentro do Estadual do Rio, tendo em vista sua tradição e o interesse que desperta entre os clubes e a torcida. Ser campeão desse troféu dá um *status* superado apenas pelo título estadual. A Taça Guanabara foi criada em 1965 para apontar o representante carioca na Taça Brasil, a competição nacional daquela época. A Taça Brasil foi extinta em 1969, mas a Taça Guanabara continuou a ser disputada, e em 1972 passou a ser o primeiro turno do Campeonato Carioca (depois Estadual). Em 1980, ela foi disputada como um torneio separado. Entre 1981 e 1993, a disputa voltou a valer pelo primeiro turno do Estadual. Em 1994 e 1995, o Estadual teve os clubes divididos em dois grupos na primeira fase. Os campeões de cada grupo decidiam a Taça Guanabara. Em 1996, o troféu voltou a valer como primeiro turno do Estadual e a ser disputado em turno único. A Taça leva o nome do antigo Estado da Guanabara. Em 1960, quando o Rio deixou de ser a capital federal, o antigo Distrito Federal virou Guanabara, uma cidade-Estado. Em 1975, houve a fusão entre os Estados do Rio de Janeiro e da Guanabara. A cidade do Rio de Janeiro passou a ser capital do estado do mesmo nome. Em tupi-guarani, a palavra Guanabara quer dizer braço de mar ou seio de mar.

Campeões da Taça Guanabara

Ano	Campeão	Ano	Campeão	Ano	Campeão
1965	Vasco	1979	Flamengo	1993	Fluminense
1966	Fluminense	1980	Flamengo	1994	Vasco
1967	Botafogo	1981	Flamengo	1995	Flamengo
1968	Botafogo	1982	Flamengo	1996	Flamengo
1969	Fluminense	1983	Fluminense	1997	Botafogo
1970	Flamengo	1984	Flamengo	1998	Vasco
1971	Fluminense	1985	Fluminense	1999	Flamengo
1972	Flamengo	1986	Vasco	2000	Vasco
1973	Flamengo	1987	Vasco	2001	Flamengo
1974	América	1988	Flamengo	2002	Americano
1975	Fluminense	1989	Flamengo	2003	Vasco
1976	Vasco	1990	Vasco	2004	Flamengo
1977	Vasco	1991	Fluminense	2005	Volta Redonda
1978	Flamengo	1992	Vasco	2006	Botafogo

Resumo: Flamengo, 16 títulos; Vasco, 11; Fluminense, 8; Botafogo, 4; América, Americano e Volta Redonda, 1

Taça Rio

Essa competição foi criada em 1982, equivalendo ao segundo turno do Estadual. Seu campeão se classifica para as finais do campeonato contra o vencedor da Taça Guanabara (primeiro turno).

Tabelas

Campeões da Taça Rio

Ano	Campeão	Ano	Campeão
1982	América	1994 e 1995	não houve
1983	Flamengo	1996	Flamengo
1984	Vasco	1997	Botafogo
1985	Flamengo	1998	Vasco
1986	Flamengo	1999	Vasco
1987	Bangu	2000	Flamengo
1988	Vasco	2001	Vasco
1989	Botafogo	2002	Americano
1990	Fluminense	2003	Vasco
1991	Flamengo	2004	Vasco
1992	Vasco	2005	Fluminense
1993	Vasco	2006	Madureira

Resumo: Vasco, 9 títulos; Flamengo, 6; Botafogo e Fluminense, 2; América, Americano, Bangu e Madureira, 1

Torneio Início

O Torneio Início foi criado em 1916 e disputado com certa regularidade até 1967, não se realizando em alguns anos. Houve ao todo 47 edições. O torneio era disputado em um domingo só, com partidas curtas e eliminatórias de vinte minutos. Para o desempate das partidas empatadas no tempo regulamentar, contava-se o número de escanteios ou havia disputa de pênaltis.

Futebol Brasil Memória

Campeões do Torneio Início

Ano	Campeão
1916	Fluminense
1917	não houve
1918	São Cristóvão
1919	Carioca
1920	Flamengo
1921	Palmeiras
1922	Flamengo
1923	Mackenzie
1924	Fluminense (Amea) e Andaraí (LMDT)
1925	Fluminense
1926	Vasco
1927	Fluminense
1928	São Cristóvão
1929	Vasco
1930	Vasco
1931	Vasco
1932	Vasco

Ano	Campeão
1933	não houve
1934	Bangu
1935	não houve (até 1938)
1938	Botafogo
1939	Madureira
1940	Fluminense
1941	Fluminense
1942	Vasco
1943	Fluminense
1944	Vasco
1945	Vasco
1946	Flamengo
1947	Botafogo
1948	Vasco
1949	América
1950	Bangu
1951	Flamengo

Ano	Campeão
1952	Flamengo
1953	Canto do Rio
1954	Fluminense
1955	Bangu
1956	Fluminense
1957	Madureira
1958	Vasco
1959	Flamengo
1960	Olaria
1961	Botafogo
1962	Botafogo
1963	Botafogo
1964	Bangu
1965	Fluminense
1966	não houve
1967	Botafogo
1968	não houve
1977	Botafogo

Resumo: Fluminense e Vasco, 10 títulos; Botafogo, 7; Flamengo, 6; Bangu, 4; Madureira e São Cristóvão, 2; América, Andaraí, Canto do Rio, Carioca, Mackenzie, Palmeiras e Olaria, 1

OUTROS TORNEIOS

Torneio Municipal

Foi disputado entre os anos 1930 e 1950, em separado do Campeonato Carioca.

Campeões do Torneio Municipal

Ano	Campeão
1938	Fluminense
1943	São Cristóvão
1944	Vasco
1945	Vasco
1946	Vasco
1947	Vasco
1948	Fluminense
1951	Botafogo

Torneio Relâmpago

Torneio de curta duração, normalmente disputado no início da temporada carioca, do qual participavam apenas os principais clubes do Rio. Foi disputado de 1943 a 1946.

1943	Flamengo
1944	Vasco
1945	América
1946	Vasco

Torneio Carlos Martins da Rocha

1952	América

Torneio Extra de Profissionais

1934	Flamengo
1938	América
1941	Fluminense

Futebol Brasil Memória

Torneio Aberto

1935 Fluminense

1936 Flamengo

Copa Rio

Era classificatória para a Copa do Brasil.

1991 Flamengo

1992 Vasco

1993 Vasco

1994 Volta Redonda

1995 Volta Redonda

1996 e **1997** não houve

1998 Fluminense

1999 Volta Redonda

2000 Portuguesa da Ilha do Governador

Torneio Extra, Taça Adolpho Bloch

1990 Vasco

Taça Cidade Maravilhosa

1996 Botafogo

Taça João Ferrer

Torneio promovido pela Companhia Progresso Industrial do Brasil, em Bangu.

Tabelas

1907 Bangu

1911 Bangu

Torneio Extra

1934 Flamengo

Torneio Carlos Martins da Rocha

1952 América

Torneio Romeu Dias Pinto

1972 Bangu

Campeões do Estado do Rio (antes da fusão)

1958	Manufatura (Niterói)	**1968**	Americano (Campos)
1959	Fonseca (Niterói)	**1969**	Americano (Campos)
1960	não houve	**1970**	Central (Barra do Piraí)
1961	Fonseca (Niterói)	**1971**	Central (Barra do Piraí)
1962	Fonseca (Niterói)	**1972**	Barbará (Barra Mansa)
1963	Goytacaz (Campos)	**1973**	Barbará (Barra Mansa)
1964	Americano (Campos)	**1974**	Sapucaia (Campos)
1965	Americano (Campos)	**1975**	Americano (Campos)
1966	Goytacaz (Campos)	**1978**	Goytacaz (Campos), já depois da fusão
1967	Goytacaz (Campos)		

Futebol Brasil Memória

Títulos de grandes clubes de outros estados

Atlético Mineiro

2 Copas Conmebol (1992 e 1997); 1 Campeonato Brasileiro (1971); 38 Campeonatos Mineiros (1915, 1926, 1927, 1931, 1932, 1936, 1938, 1939, 1941, 1942, 1946, 1947, 1949, 1950, 1952, 1953, 1954, 1955, 1956, 1958, 1962, 1963, 1970, 1976, 1978, 1979, 1980, 1981, 1982, 1983, 1985, 1986, 1988, 1989, 1991, 1995, 1999 e 2000)

Atlético Paranaense

1 Campeonato Brasileiro (2001); 1 Série B do Brasileiro (1995); 19 Campeonatos Paranaenses (1925, 1929, 1930, 1934, 1936, 1940, 1943, 1945, 1949, 1958, 1970, 1982, 1983, 1985, 1988, 1990, 1998, 2000, 2001 e 2005)

Bahia

1 Campeonato Brasileiro (1988); 1 Taça Brasil (1959); 2 Campeonatos do Nordeste (2001 e 2002); 4 Copas Norte-Nordeste (1948, 1959, 1960 e 1963); 42 Campeonatos Baianos (1931, 1933, 1934, 1936, 1938, 1940, 1944, 1945, 1947, 1948, 1949, 1950, 1952, 1954, 1956, 1958, 1959, 1960, 1961, 1962, 1967, 1970, 1971, 1973, 1974, 1975, 1976, 1977, 1978, 1979, 1981, 1982, 1983, 1984, 1986, 1987, 1988, 1991, 1993, 1994, 1998 e 2001)

Corinthians

1 Mundial de Clubes (2000); 4 Campeonatos Brasileiros (1990, 1998, 1999 e 2005); 2 Copas do Brasil (1995 e 2002); 5 Torneios Rio-São Paulo (1950, 1953, 1954, 1966 e 2002); 25 Campeonatos Paulistas (1914, 1916, 1922, 1923, 1924, 1928, 1929, 1930, 1937, 1938, 1939, 1941, 1951, 1952, 1954, 1977, 1979, 1982, 1983, 1988, 1995, 1997, 1999, 2001 e 2003)

Coritiba

1 Campeonato Brasileiro (1985); 32 Campeonatos Paranaenses (1916, 1927, 1931, 1933, 1935, 1939, 1941, 1942, 1946, 1947, 1951, 1952, 1954, 1956, 1957, 1959, 1960, 1968, 1969, 1971, 1972, 1973, 1974, 1975, 1976, 1978, 1979, 1986, 1989, 1999, 2003 e 2004)

Cruzeiro

2 Copas Libertadores da América (1976 e 1997); 2 Supercopas da Libertadores (1991 e 1992); 1 Campeonato Brasileiro (2003); 4 Copas do Brasil (1993, 1996, 2000 e 2003);

1 Taça Brasil (1966); 1 Copa Centro-Oeste (1999); 2 Copas Sul-Minas (2001 e 2002); 32 Campeonatos Mineiros (1928, 1929, 1930, 1940, 1943, 1944, 1945, 1956, 1959, 1960, 1961, 1965, 1966, 1967, 1968, 1969, 1972, 1973, 1974, 1975, 1977, 1984, 1987, 1990, 1992, 1994, 1996, 1997, 1998, 2003, 2004 e 2006)

Grêmio

1 Mundial Interclubes (1983); 2 Copas Libertadores da América (1983 e 1995); 1 Recopa Sul-americana (1996); 2 Campeonatos Brasileiros (1981 e 1996); 4 Copas do Brasil (1989, 1994, 1997 e 2001); 1 Copa Sul (1999); 34 Campeonatos Gaúchos (1921, 1922, 1926, 1931, 1932, 1946, 1949, 1956, 1957, 1958, 1959, 1960, 1962, 1963, 1964, 1965, 1966, 1967, 1968, 1977, 1979, 1980, 1985, 1986, 1987, 1988, 1989, 1990, 1993, 1995, 1996, 1999, 2001 e 2006); 1 Brasileiro da Série B (2005)

Guarani

1 Campeonato Brasileiro (1978); 1 Série B do Brasileiro (1981)

Internacional

3 Campeonatos Brasileiros (1975, 1976 e 1979); 1 Copa do Brasil (1992); 35 Campeonatos Gaúchos (1927, 1934, 1940, 1941, 1942, 1943, 1944, 1945, 1947, 1948, 1950, 1951, 1952, 1953, 1955, 1961, 1969, 1970, 1971, 1972, 1973, 1974, 1975, 1976, 1978, 1981, 1982, 1983, 1984, 1991, 1992, 1994, 1997, 2002, 2003, 2004 e 2005)

Juventude

1 Copa do Brasil (1999); 1 Série B do Brasileiro (1994); 1 Campeonato Gaúcho (1998)

Palmeiras

1 Copa Libertadores da América (1999); 4 Campeonatos Brasileiros (1972, 1973, 1993, 1994); 1 Brasileiro da Série B (2003); 1 Copa do Brasil (1998); 1 Copa Mercosul (1998); 1 Copa dos Campeões (2000); 2 Taças Brasil (1960 e 1967); 2 Torneios Roberto Gomes Pedrosa (1967 e 1969); 5 Torneios Rio-São Paulo (1933, 1951, 1965, 1993 e 2000); 21 Campeonatos Paulistas (1920, 1926, 1927, 1932, 1933, 1934, 1936, 1940, 1942, 1944, 1947, 1950, 1959, 1963, 1966, 1972, 1974, 1976, 1993, 1994 e 1996)

Paraná

1 Série B do Brasileiro (1992); 7 Campeonatos Paranaenses (1991, 1993, 1994, 1995, 1996, 1997 e 2006)

Paulista

1 Copa do Brasil (2005)

Paysandu

Campeonatos Paraenses (1920, 1921, 1922, 1923, 1927, 1928, 1929, 1931, 1932, 1934, 1939, 1942, 1943, 1944, 1945, 1947, 1956, 1957, 1959, 1961, 1962, 1963, 1965, 1966, 1967, 1969, 1971, 1972, 1976, 1980, 1981, 1982, 1984, 1985, 1987, 1992, 1998, 2000, 2001, 2005 e 2006); Campeão da série B do Campeonato Brasileiro (1991 e 2001); Copa dos Campeões (2002)

Portuguesa de Desportos

2 Torneios Rio-São Paulo (1952 e 1955); 3 Campeonatos Paulistas (1935, 1936 e 1973)

Remo

1 Copa Norte-Nordeste (1971), 39 Campeonatos Paraenses (1913, 1914, 1915, 1916, 1917, 1918, 1919, 1924, 1925, 1926, 1930, 1932, 1933, 1936, 1940, 1949, 1950, 1952, 1953, 1954, 1960, 1964, 1968, 1973, 1974, 1975, 1977, 1978, 1979, 1986, 1989, 1990, 1991, 1993, 1994, 1995, 1996, 1997 e 1999); 1 Brasileiro da Série C (2005)

Santo André

1 Copa do Brasil (2004)

Santos

2 Mundiais Interclubes (1962 e 1963); 1 Recopa Mundial (1968); 2 Copas Libertadores da América (1962 e 1963); 1 Copa Conmebol (1998); 1 Recopa Sul-Americana (1968); 5 Taças Brasil (1961, 1962, 1963, 1964 e 1965); 1 Torneio Roberto Gomes Pedrosa (1968); 2 Campeonatos Brasileiros (2002 e 2004); 5 Torneios Rio-São Paulo (1959, 1963, 1964, 1966 e 1997); 16 Campeonatos Paulistas (1935, 1955, 1956, 1958, 1960, 1961, 1962, 1964, 1965, 1967, 1968, 1969, 1973, 1978, 1984 e 2006)

São Caetano

1 Campeonato Paulista (2004)

Tabelas

São Paulo

3 Mundiais Interclubes (1992, 1993 e 2006); 3 Copas Libertadores da América (1992, 1993 e 2005); 2 Recopas Sul-americanas (1993 e 1994); 1 Supercopa da Libertadores (1993); 1 Copa Conmebol (1994); 3 Campeonatos Brasileiros (1977, 1986 e 1991); 1 Torneio Rio-São Paulo (2001); 20 Campeonatos Paulistas (1943, 1945, 1946, 1948, 1949, 1953, 1957, 1970, 1971, 1975, 1980, 1981, 1985, 1987, 1989, 1991, 1992, 1998, 2000 e 2005)

Sport Recife

1 Campeonato Brasileiro (1987, versão CBF); 1 Série B do Brasileiro (1990); 1 Copa Nordeste (2000); 34 Campeonatos Pernambucanos (1916, 1917, 1920, 1923, 1924, 1925, 1928, 1938, 1941, 1942, 1943, 1948, 1949, 1953, 1955, 1956, 1958, 1961, 1962, 1975, 1977, 1980, 1981, 1982, 1988, 1991, 1992, 1994, 1996, 1997, 1998, 1999, 2000 e 2006)

Vitória

3 Campeonatos do Nordeste (1997, 1999 e 2003); 20 Campeonatos Baianos (1908, 1909, 1953, 1955, 1957, 1964, 1965, 1972, 1980, 1985, 1989, 1990, 1992, 1995, 1996, 1997, 2000, 2002, 2003, 2004 e 2005)

(*) Listas atualizadas até o dia 26 de julho de 2006.

Futebol Brasil Memória

Referências bibliográficas

Livros

CABRAL, Sérgio. *As escolas de samba do Rio de Janeiro*. Rio de Janeiro: Lumiar, 1996.

CARINHAS, Teófilo. *Álbum da colônia portuguesa no Brasil*. Portugal: Carinhas & Cia. Ltda., 1929.

CASTRO, Alceu Mendes de Oliveira. *O futebol no Botafogo, 1904 a 1950*. Rio de Janeiro: Edição do Autor, 1951.

COUTINHO, Edilberto. *Nação rubro-negra*. São Paulo: Fundação Nestlé de Cultura, 1990.

CUNHA, Loris Baena. *A verdadeira história do futebol brasileiro*. Rio de Janeiro: Editora Publicitária, Comunicação e Marketing Ltda.

CUNHA, Orlando; VALLE, Fernando. *Campos Salles, 118*. Rio de Janeiro: Edição dos Autores, 1972.

_____. *Cronologia de uma odisséia, de 1904 a 2000*. Rio de Janeiro: Edição do Autor.

FILHO, Mário. *O negro no futebol brasileiro*. Rio de Janeiro: Civilização Brasileira, 1964.

_____. *O sapo de Arubinha – Os anos de sonho do futebol brasileiro*. Rio de Janeiro: Companhia das Letras, 1994.

GARCIA, Sérgio. *Rio de Janeiro – passado e presente*. Rio de Janeiro: Conexão Cultural, 2001.

HAMILTON, Aidan. *Um jogo inteiramente diferente: futebol – A maestria brasileira de um legado britânico*. Rio de Janeiro: Gryphus, 2002.

HELAL, Ronaldo; SOARES, Antonio Jorge e LOVISOLO, Hugo. *A invenção do país do futebol – mídia, raça e idolatria*. Rio de Janeiro: Mauad, 2001.

HERSCHMANN, Micael; LERNER, Kátia. *Lance de sorte – o futebol e o jogo do bicho na Belle Époque carioca*. Rio de Janeiro: Diadorim, 1993.

HOLLANDA, Bernardo Borges Buarque de. *O descobrimento do futebol: modernismo, regionalismo e paixão esportiva em José Lins do Rego*. Rio de Janeiro: Biblioteca Nacional, 2004.

KLEIN, Marco Aurélio; AUDININO, Sérgio Alfredo. *O almanaque do futebol brasileiro*. São Paulo: Escala, 1996.

LUPO, Víctor. *História política del deporte argentino (1610 - 2002)*. Argentina: Ediciones Corregidor, 2004.

Referências bibliográficas

MALHANO, Clara E. S. M. B.; MALHANO, Hamilton Botelho. *Memória social dos esportes – São Januário, arquitetura e história*. Rio de Janeiro: Mauad, 2002.

MÁXIMO, João; DIDIER, Carlos. *Noel Rosa, uma biografia*. Brasília: Editora Universidade de Brasília, 1990.

____. *Paulinho da Viola*. Rio de Janeiro: Relume Dumará, 2002. (Coleção Perfis do Rio)

MELO, Victor Andrade. *Cidadesportiva – Primórdios do esporte no Rio de Janeiro*. Rio de Janeiro: Relume Dumará, 2001.

MÉRCIO, Roberto. *A história dos campeonatos cariocas de futebol, 1906-1994*. Rio de Janeiro: Federação de Futebol do Estado do Rio de Janeiro, 1995.

MILLS, John R. *Charles William Miller, 1894 * 1994. Memoriam S.P.A.C. Strategies – Comunicação, Marketing & Cultura*. São Paulo: Editorial Support Strategies, 1995.

NETO, José Moraes dos Santos. *Visão do jogo – Primórdios do futebol no Brasil*. São Paulo: Cosac & Naify, 2002.

PEREIRA, Leonardo Affonso de Miranda. *Footballmania – Uma história social do futebol no Rio de Janeiro*. São Paulo: Nova Fronteira, 2000.

QUADROS, Raymundo. *Chuva de glórias – A trajetória do São Cristóvão F. R.* Rio de Janeiro: Pontes, 2004.

SANDER, Roberto. *Anos 40: viagem à década sem Copa*. Rio de Janeiro: Bom Texto, 2004.

SANTOS, Joel Rufino dos. *História política do futebol brasileiro*. Brasília: Brasiliense, 1981.

UNZEITE, Celso. *O Livro de Ouro do futebol*. Rio de Janeiro: Ediouro, 2002.

VENTURA, Zuenir; LOREDANO, Cássio. *O Rio de J. Carlos*. Rio de Janeiro: Lacerda/ Prefeitura do Rio de Janeiro, 1998.

CABRAL, Sérgio. *Clube de Regatas Vasco da Gama – Livro Oficial do Centenário*. Rio de Janeiro: B&R Comunicação, 1998.

DUARTE, Marcelo (Org.). *Enciclopédia do Futebol Brasileiro, v. 1 e 2*. Rio de Janeiro: Lance Areté Editorial, 2001.

COSTA, Márcia Regina da (Org.). *Futebol: Espetáculo do século*. São Paulo: Musa Editora, 1999.

Futebol Brasil Memória

Revistas

Revista USP - Dossiê Futebol. Junho/Julho/Agosto de 1994. São Paulo: Coordenadoria de Comunicação Social da Universidade de São Paulo, 1994.

Série Grandes Clubes do Jornal Lance (revistas de Botafogo, Flamengo, Fluminense e Vasco). Rio de Janeiro: Lance Areté Editorial, 2005.

Internet

<http://a.passeira.sites.uol.com.br/futebol.htm>
<http://brasilpalcodasemocoes.weblogger.terra.com.br/index.htm>
<http://drummerman.sites.uol.com.br/Cultura_MPB.htm>
<http://en.wikipedia.org/wiki/Oscar_Cox>
<http://en.wikipedia.org/wiki/Thomas_Arnold>
<http://epoca.globo.com/edic/19981130/cult5.htm>
<http://fla_estatistica.vilabol.uol.com.br/presidentes.htm>
<http://geografiaeconjuntura.sites.uol.com.br/cultura/cultura01.htm>
<http://html.rincondelvago.com/futbol_3.html>
<http://jbonline.terra.com.br/destaques/brasileirao2004/estadios.html>
<http://leonardo.pfreitas.sites.uol.com.br/index.html>
<http://planeta.terra.com.br/esporte/rsssfbrasil/historical.htm>
<http://ricardo_d_a.sites.uol.com.br/futebol.html>
<http://saimustafa.vilabol.uol.com.br/historiadopalmeiras.htm>
<www.almacarioca.com.br/historia.htm>
<www.alternex.com.br/~paissandu/historia.htm>
<www.americafootballclub.com/historia/1904_1930/ate1930b.htm>
<www.america-rj.com.br>
<www.bangu.net>
<www.bartleby.com/65/ar/Arnold-T.html>
<www.bcsrio.org.br/activities/histbrit3.asp>

Referências bibliográficas

<www.carp.org.ar/html/profesionalismo.php3>
<www.cbfnews.com.br>
<www.chutedebico.hpg.ig.com.br/historiaselecao.htm>
<www.clerioborges.com.br/fla.html>
<www.coracaotricolor.com/fundacao.html>
<www.crvascodagama.com>
<www.culturabrasil.pro.br/abolicao.htm>
<www.efdeportes.com>
<www.efdeportes.com/efd10/daolio.htm>
<www.favelatemmemoria.com.br>
<www.feranet21.com.br/curiosidades/hist_carnaval.htm>
<www.flamengo.com.br>
<www.flamengo.net>
<www.flumania.com.br>
<www.fluminense.com.br>
<www1.folha.uol.com.br/folha/ilustrada/ult90u49492.shtml>
<www.free-definition.com/Sport.html#History_of_sport>
<www.futebol.bol.com.br>
<www.futebolcarioca.com.br>
<www.futebolnarede.com/espec/hist.php>
<www.geocities.com/Athens/Styx/9231/racismo.htm>
<www.geocities.com/banguac/umpouco.html>
<www.geocities.com/spnetfc/hfutebol.html>
<www.leonardoboff.com/site/vista/2001-2002/37-futebol.htm>
<www.light.com.br>
<www.museudosesportes.com.br>
<www.netvasco.com.br>
<www.netvasco.com.br/mauroprais/futbr>
<www.netvasco.com.br/mauroprais/vasco/index.html>
<www.pitoresco.com.br/brasil/debret/debret.htm>

<www.portfolium.com.br/canudos.htm>
<www.pralmeida.org/04Temas/11Academia/07MoedasBrasil.html>
<www.professorrafaelporcari.hpgvip.ig.com.br/504antecedentes.html>
<www.revistatemalivre.com/belleepoque04.html>
<www.rhr.uepg.br/v2n2/amara.htm>
<www.saopaulofc.com.br>
<www.spartacus.schoolnet.co.uk/EDarnold.htm>
<www.terrabrasileira.net/folclore/regioes/6ritos/cavalhada.html>
<www.tubino.pro.br/Art-005.doc>
<www.ub.es/geocrit/sn-45-7.htm>
<www.ufop.br/ichs/conifes/anais/CMS/cms0303.htm>
<www.wikipedia.org>
<www2.cultura.gov.br/scripts/artigos.idc?codigo=160>
<www2.uol.com.br/rionosjornais>

Jornais

O Globo
Jornal do Brasil
Folha de S. Paulo
O Estado de S. Paulo
Extra
Jornal dos Sports
Lance

Agradecimentos

À Sra. Albertina dos Santos, viúva de Leônidas da Silva;

A Orlando Cunha, Fernando Valle, Dona Eralda, Marcelo Leite e Danielle Machado, do América;

A Carlos Molinari, autor de livro sobre o Bangu;

A Emmanuel "Maninho" Sodré Viveiros de Castro (*in memoriam*), do Botafogo;

A Fernando Pereira da Cunha, Marilene Dabus, Melba Fernanda da Silva e Adriana Thulher do Rosário, do Flamengo;

Ao ex-presidente Francisco Horta, Milton Mandelblatt, Argeu Afonso e Jorge Magalhães, do Fluminense;

A Vitor Iório, Patrícia Iório e Pedro Miranda, do Paysandu;

A Raymundo Quadros, autor de livro sobre o São Cristóvão;

A Amadeu Pinto da Rocha, Ruy Proença, Roberto Garófalo, Dona Marília, Ruy Proença, José Cabral, Eduardo Maganha e Francisco Rainho (*in memoriam*), do Vasco;

Ao humorista, *showman*, escritor e ex-comentarista Chico Anysio;

Ao ex-goleiro Oberdan, do Palmeiras e das seleções paulista e brasileira;

Ao ex-lateral Antônio Ferreira D'Azambuja, do São Paulo, e à sua filha, Célia;

Aos irmãos Sandra, Ademir e Domingos, filhos de Domingos da Guia;

A Carlos Rudge Miller Júnior (neto de Charles Miller), John Mills e Thomas Bradfield, do São Paulo Athletic Club;

Ao historiador e professor Milton Teixeira, pesquisador da história do Rio;

Ao desenhista e escritor Ivan Soter, pesquisador da história da seleção brasileira;

Ao escritor Rubens Ribeiro, pesquisador da história do futebol paulista;

À professora Andrea João, presidente da Federação de Ginástica do Estado do Rio de Janeiro;

À atleta e especialista em marketing Fernanda Monturil;

Aos jornalistas Elaine Rodrigues (*in memoriam*), Nadja Sampaio, Patrícia Veiga, Rogério Daflon, João Máximo, Fernando Calazans, Antonio Nascimento, Tadeu Aguiar, Dorrit Harazim, Antônio Maria Filho, Marcos Penido, Marco Aurélio Ribeiro, Rachel Bertol, Mànya Millen, Aydano André Motta, Claudio Rocha, Luiz Carlos Maraca, Nívia Carvalho, Heloisa Marra, Beth Orsini, Jorge William, Fernando Maia, Alexandre Sassaki, à equipe do Centro

Futebol Brasil Memória

de Comunicação da Redação (CCR), ao pesquisador Souza Lima e a toda Editoria de Esportes do Globo;

Aos jornalistas Antônio Arruda, Maura Ponce de Leon e Alessandra Niskier, do Extra;

À jornalista Andrea Copolilo;

À jornalista Eliane Benício;

À jornalista Cláudia Silva;

Aos jornalistas Danielle Chevrand, Franciele Pereira e Haroldo Habib, do Lance;

À jornalista alemã Karen Wientgen;

À jornalista Gina de Azevedo Marques;

Aos jornalistas Sérgio Pugliese, Germana Costa Moura, Daniela Rotti e Ericka Lima, da Approach Assessoria de Imprensa;

Aos jornalistas e radialistas Luiz Mendes, Álvaro Oliveira Filho e Giovanni Faria, da Rádio Globo;

Ao jornalista e escritor Sérgio Cabral;

Ao jornalista Marcos Eduardo Neves;

Ao jornalista Eduardo Vieira, do Jornal dos Sports;

Ao jornalista Sílvio Rabaça;

Ao jornalista Roberto Falcão, da assessoria de imprensa do Comitê Organizador dos Jogos Pan-Americanos de 2007;

À jornalista Valéria Zukeran, do Estado de S. Paulo;

À jornalista Marta Teixeira, da Gazeta Esportiva;

Aos jornalistas Nicolau Radamés, Ana Carolina D. Cordovano e Marcelo Viana, do Diário de S. Paulo

Ao jornalista André Adler, da ESPN International;

Ao jornalista José Trajano, da ESPN Brasil;

Ao jornalista André Ribeiro, autor da biografia de Leônidas da Silva;

Ao jornalista Manolo Epelbaum, argentino radicado no Rio;

Ao jornalista Aidan Hamilton, correspondente da imprensa inglesa no Rio;

Ao jornalista Sérgio Garcia, da Editora Abril;

Aos professores e doutores Carlos Alberto Figueiredo da Silva e Manoel Tubino, da Unisuam;

À jornalista Cíntia Savino, do São Paulo Futebol Clube;

Agradecimentos

À professora Ana Maria Miragaya;

Ao professor Antônio Jorge Soares, da Gama Filho;

Ao professor Ronaldo Helal, da Uerj;

Ao professor Leonardo A. M. Pereira, autor do livro *Footballmania*;

Ao professor Jocimar Daolio, da Universidade Estadual de Campinas;

Ao professor Sílvio Ricardo da Silva, da Universidade Federal de Viçosa;

Ao professor Ricardo Lucena, da Universidade Federal da Paraíba;

A Lauthenay Perdigão, do *site* <www.museudosesportes.com.br>, de Alagoas;

À assessoria de imprensa da Universidade de São Paulo;

Aos empresários João Henrique Areias, Paulo Roberto Matta e Stefan Krause;

À Editora Senac Rio;

E a todos que, de alguma forma, incentivaram ou criticaram o trabalho.

Por favor, perdoem possíveis esquecimentos.

A Editora Senac Rio
publica livros nas áreas
de gastronomia, *design*,
administração, moda,
responsabilidade social,
educação, *marketing*, beleza,
saúde, cultura, comunicação,
entre outras.

Visite o *site* www.rj.senac.
br/editora, escolha os títulos
de sua preferência e boa
leitura. Fique ligado nos
nossos próximos lançamentos!
À venda nas melhores livrarias
do país.

Editora Senac Rio
Tel.: (21) 2240-2045
Fax: (21) 2240-9656
comercial.editora@rj.senac.br

Editora Senac São Paulo
Tel.: (11) 2187-4450
Fax: (11) 2187-4486
editora@sp.senac.br

Disque Senac: (21) 4002-2002

Este livro foi composto por
Interface Designers em
Fenice Light, Rotis Sans Serif
Light e Helvetica Neue Bold
Condensed, para a Editora
Senac Rio, em agosto de 2006.